Kieler Studien · Kiel Studies 311
Horst Siebert (Editor)
Institut für Weltwirtschaft an der Universität Kiel

Federico Foders

Bildungspolitik für den Standort D

Springer

Professor Dr. Dr. h.c. Horst Siebert
Präsident
Institut für Weltwirtschaft an der Universität Kiel
D-24100 Kiel
http://www.uni-kiel.de/ifw/

Dr. Federico Foders
Abteilung Wachstum, Strukturwandel
und internationale Arbeitsteilung
Institut für Weltwirtschaft an der Universität Kiel
D-24100 Kiel
ffoders@ifw.uni-kiel.de

Die Deutsche Bibliothek – CIP-Einheitsaufnahme

Foders, Federico:
Bildungspolitik für den Standort D / Federico Foders. – Berlin ; Heidelberg ; New York ; Barcelona ; Hongkong ; London ; Mailand ; Paris ; Singapur ; Tokio : Springer, 2001
(Kieler Studien ; 311)
ISBN 3-540-41981-0

Printed in Germany

ISSN 0340-6989

Vorwort

In der zweiten Hälfte der 90er Jahre ist die Bildungspolitik in Deutschland zunehmend in den Mittelpunkt der öffentlichen Diskussion gerückt. Anders als in den 70er Jahren scheint die Aufmerksamkeit, die dem Bildungssystem heute zuteil wird, weniger mit der Absicht verbunden zu sein, das herkömmliche Bildungssystem an praxisfernen Vorstellungen zu orientieren. Die Debatte konzentriert sich vielmehr überwiegend auf Bildungsbereiche, die bereits zu verbreiteter Unzufriedenheit Anlass gegeben haben und die im Zuge der technologischen und weltwirtschaftlichen Veränderungen zu Beginn des dritten Jahrtausends neuen gesellschaftspolitischen Anforderungen genügen müssen. Dies stellt die deutsche Bildungspolitik vor große Herausforderungen. Bei der Bewältigung der anstehenden Aufgaben steht sie allerdings nicht allein da. Auch andere europäische Staaten mit einer vergleichbaren Bildungstradition haben ebenso wie die Vereinigten Staaten mit zum Teil erheblichen Defiziten in ihren jeweiligen Bildungssystemen zu kämpfen.

Angesichts der Bedeutung, die der Bildungspolitik in der Übergangsphase von der Industrie- zur Informationsgesellschaft zukommt, hat das Institut für Weltwirtschaft ein Forschungsprojekt mit dem Ziel initiiert, die Möglichkeiten und Grenzen der Bildungspolitik bei der Behebung der wichtigsten Schwächen des deutschen Bildungssystems zu bestimmen und zu prüfen, inwieweit der Bildungs- und Forschungsstandort Deutschland für den Wandel gerüstet ist. Die zentralen Thesen, die aus der Analyse hervorgegangen sind, wurden auf einer interdisziplinären Expertentagung zur deutschen Bildungspolitik, die das Institut im Juni 2000 veranstaltete und an der Vertreter von Bundes- und Länderministerien, der Arbeitsverwaltung sowie mehrerer staatlicher und privater Bildungs- und Forschungseinrichtungen teilnahmen, vorgestellt. Hiermit legt das Institut den überarbeiteten Forschungsbericht vor.

Dank gebührt allen, die zur Studie beigetragen haben: Federico Foders für die Bearbeitung des Themas; Henning Klodt und anderen Kollegen des Instituts sowie den Teilnehmern der Expertentagung für zahlreiche Anregungen und Verbesserungsvorschläge; Axel-Adrian Roestel und Sven Vaak für ihre Mitwirkung an der Auswertung der umfangreichen Datenbanken und Informationen; Evelyn Jann für die Anfertigung der Graphiken sowie Irene Baur und Kerstin Stark für die Übernahme der Schreibarbeiten und die Erstellung des Drucklayouts; Dietmar Gebert für seine Sorgfalt bei der redaktionellen Betreuung des Manuskripts.

Kiel, im Mai 2001 — Horst Siebert

Inhaltsverzeichnis

Verzeichnis der Tabellen

Verzeichnis der Abbildungen

Verzeichnis der Übersichten

Abkürzungsverzeichnis

Bafög	Bundesausbildungsförderungsgesetz
BLK	Bund-Länder-Kommission für Bildungsplanung und Forschungsförderung
BMBF	Bundesministerium für Bildung und Forschung
GG	Grundgesetz
HRG	Hochschulrahmengesetz
KMK	Kultusministerkonferenz
ISCED	International Standard Classification of Education
IT	Informations- und Telekommunikationstechnologien
OECD	Organization for Economic Cooperation and Development
TIMSS	Third International Mathematics and Science Study
UNESCO	United Nations Educational, Scientific and Cultural Organization

1 Einführung

1.1 Problemstellung

Im internationalen Wettbewerb der Standorte um den knappen und mobilen Produktionsfaktor Kapital sind jene Standorte am erfolgreichsten, die die relativ höchste Produktivität versprechen. Standorte, die im Produktivitätswettlauf zurückbleiben, müssen mit einer geringeren Attraktivität für inländische wie ausländische Investoren und damit mit weniger Wachstum und Beschäftigung rechnen. Die infolge technischer Fortschritte sinkenden Kommunikations- und Transportkosten haben weltweit zu einem erheblich gestiegenen Informationsfluss beigetragen und so die Markttransparenz erhöht. Daher können die Chancen und Risiken, die mit unternehmerischen Standortentscheidungen verbunden sind, heute viel besser abgeschätzt werden, weil die Stärken und Schwächen einzelner Standorte deutlicher hervortreten und somit Standortvergleiche wesentlich erleichtert werden. Zum einen führt dies dazu, dass sich der Standortwettbewerb in dem Maße verschärft, wie die Perspektive, international im Abseits stehen zu müssen, der Reformbereitschaft wichtige Impulse gibt. Zum anderen werden langfristig und aus weltwirtschaftlicher Sicht Produktivitäts- und Wachstumspotentiale freigesetzt, die ansonsten ungenutzt geblieben wären. Vor dem Hintergrund der Globalisierung und des technologischen Wandels im Informationszeitalter rückt somit der Aspekt der *Standortsicherung* ins Zentrum der Wirtschaftspolitik.

Bei der Gestaltung der Wirtschaftspolitik an einzelnen Standorten (Regionen, Staaten, Integrationszonen) – bei der Standortsicherungspolitik – sollten Instrumente, die einen nachhaltigen Einfluss auf die gesamtwirtschaftliche Produktivität ausüben können, viel stärker einbezogen werden. Folgt man der modernen Makroökonomik (vor allem der Wachstumstheorie), zählt die Qualität des weniger mobilen Produktionsfaktors Arbeit zu den Hauptdeterminanten der Produktivität. Auf der Ebene einzelner Erwerbstätiger ergibt sich die Arbeitsqualität in der Regel aus dem Zusammenspiel von Begabung und den vorgenommenen Bildungsinvestitionen, wobei sich letztere an den ökonomischen Anreizen orientieren und somit von der Wirtschaftspolitik mitbestimmt werden. Wirtschaftspolitisch sind in diesem Zusammenhang zwei Fragen von Interesse:

- Inwieweit kann das Angebot an Arbeitskräften verschiedener Qualifikationen und dessen Veränderung im Zeitablauf mithilfe des staatlichen bildungspolitischen Instrumentariums beeinflusst werden?

- Inwieweit können andere Merkmale einer Volkswirtschaft (z. B. die Verfassung der Arbeitsmärkte) die Wirkungen bildungspolitischer Maßnahmen unterstützen oder beeinträchtigen?

Die anhaltende Wachstumsschwäche und hohe Arbeitslosigkeit in Deutschland geben Anlass zu einer Überprüfung der bisherigen Wachstums- und Beschäftigungspolitik. Am deutlichsten kommt die nachlassende Wirtschaftsleistung in der Produktivitätsentwicklung der vergangenen drei Dekaden zum Ausdruck: Die Zunahme der gesamtwirtschaftlichen Produktivität hat sich seit den 70er Jahren ebenso wie die der Arbeitsproduktivität merklich verlangsamt[1]; Deutschland hat in beiden Fällen das Niveau des EU-Durchschnitts erreicht, während in Ländern wie den Vereinigten Staaten, die zeitweilig eine ähnliche Entwicklung durchlaufen haben, längst eine Trendumkehr eingesetzt hat (Tabelle A1). Dies überrascht, hat sich doch der international standardisierten Definition der OECD zufolge die Arbeitslosenquote in Deutschland im gleichen Zeitraum fast verdreifacht (Tabelle A2). Denn im Allgemeinen wirkt sich eine höhere Arbeitslosenquote rein rechnerisch tendenziell positiv auf die Entwicklung der Produktivität je Beschäftigten aus, weil weniger Beschäftigte mit einem etwa konstant bleibenden (oder schwach expandierenden) Kapitalstock kombiniert werden. Darüber hinaus sind Arbeitskräfte mit vergleichsweise niedriger Produktivität in der Regel am stärksten von Freisetzungen betroffen. Der Schluss liegt nahe, dass bei einer niedrigeren Arbeitslosenquote der Produktivitätsfortschritt in Deutschland noch verhaltener ausgefallen wäre. Es besteht also Anlass, die Standortbedingungen und dabei insbesondere die Qualität des Bildungssystems einer kritischen Analyse zu unterziehen.

1.2 Ziel und Gang der Untersuchung

1.2.1 Zur Zielsetzung

Ziel der Studie ist es zu klären, welche Rolle den bildungspolitischen Instrumenten in einer langfristig angelegten Wachstums- und Beschäftigungspolitik zu-

---

1 Die Zuwachsrate der gesamtwirtschaftlichen Produktivität ist von jährlich 1,8 Prozent in den 70er Jahren auf 1,2 Prozent im Zeitraum 1979–1997, die der Arbeitsproduktivität von 3,1 auf 2,2 Prozent im gleichen Zeitraum gefallen. Vgl. Tabelle A1 im Anhang und OECD, *Wirtschaftsausblick* (Dezember 1998). Eine neuere Untersuchung (Scarpeta et al. 2000) kommt auf niedrigere Werte für die Zunahme der Arbeitsproduktivität.

kommt. Bildungspolitik soll dabei als ein zentrales ordnungspolitisches Element einer Politik aufgefasst werden, die auf die Sicherung des Wirtschaftsstandortes im internationalen Wettbewerb ausgerichtet ist. Ausgehend von der heute absehbaren Entwicklung der Nachfrage nach Qualifikationen sollen die Stärken und Schwächen des deutschen Bildungssystems aufgezeigt und Vorschläge für eine Reform einzelner Bildungsbereiche unterbreitet werden.

Für die Untersuchung ist es nicht unerheblich, welchem Zweck die Bildung dient. Im ökonomischen Sinne ist zunächst zwischen Bildung als Konsumgut und Bildung als Investitionsgut zu unterscheiden.[2] Beide Motive, Konsum und Investition (bzw. Einkommen), bestimmen die Nachfrage des Einzelnen nach Bildung und gehen in seine individuelle Nutzenfunktion ein, allerdings mit einer von Person zu Person variierenden Gewichtung. Dabei wird die Nachfrage nach Bildung nicht nur von individuellen Faktoren, sondern auch von den makroökonomischen Rahmenbedingungen bestimmt: Die langfristigen Wachstumsaussichten einer Volkswirtschaft, die im Zuge des technischen Fortschritts zu erwartende Entwicklung einzelner Branchen und Berufe sowie die Entwicklung der relativen Löhne (die Löhne für einzelne Qualifikationsgruppen) beeinflussen die Höhe und Struktur der Bildungsnachfrage. Im Prinzip folgt die gesamtwirtschaftliche Bildungsnachfrage der wirtschaftlichen Entwicklung. Im Gegensatz zur einzelwirtschaftlichen Betrachtung, bei der beide Beweggründe für Bildung eine Rolle spielen – Konsum und Investition –, steht bei der gesamtwirtschaftlichen Betrachtung in der Regel der Investitions- oder Verwertungsaspekt der Bildung – die (Human-)Kapitalbildung – im Vordergrund.[3]

In dieser Arbeit wird die Bildungsnachfrage in Deutschland auf der Basis der vorliegenden Prognosen dargestellt und analysiert. Dabei werden Prognosen für Deutschland mit der projizierten Nachfrage nach Bildung in den Vereinigten Staaten verglichen. Um die Bildungsnachfrage dem Bildungsangebot gegenüberstellen zu können, ist als Erstes ein Überblick über das deutsche Bildungssystem erforderlich, der sowohl den Bereich der allgemeinen Bildung (Schule, Hochschule) als auch den der beruflichen Bildung (Erstausbildung, Weiterbildung) umfasst. Der Schwerpunkt der Studie liegt auf der Gegenüberstellung von Angebot und Nachfrage sowie auf Analysen, die darüber hinaus quantitative und qualitative Anhaltspunkte für eine umfassende ökonomische Bewertung des deut-

---

2 Dies hebt die Volkswirtschaftslehre im Vergleich zu anderen Disziplinen (Pädagogik, Soziologie usw.) bei der Analyse von Bildungsfragen hervor.

3 Ein weiterer Aspekt, der in der Literatur eine Rolle spielt, ist die Signalwirkung von Bildung (Spence 1973; Layard und Psacharopoulos 1974). Die Signalthese behauptet, dass Bildung keinerlei Produktivitätseffekte hätte und dass Bildungsabschlüsse lediglich dem Arbeitsmarkt das Vorhandensein bestimmter Fähigkeiten signalisierten. Kritiker wenden ein, dass, wenn die These zuträfe, große Teile des Bildungssystems überflüssig wären (z. B. der Tertiärbereich).

schen Bildungssystems liefern können. Zu den weiteren Untersuchungsschritten zählen die Analyse der Bildungsausgaben und der Güte von Bildungssystemen im internationalen Vergleich sowie der Versuch, den Beitrag, den die Humankapitalbildung zum wirtschaftlichen Wachstum in den OECD-Ländern leistet, mit Hilfe von ökonometrischen Methoden zu bestimmen.

1.2.2 Zur Bewertung von Bildungssystemen

Für die ökonomische Bewertung des deutschen Bildungssystems müssen zunächst einige grundsätzliche Überlegungen angestellt werden. Hierzu zählt die Bestimmung des Charakters von Bildung als ein privates, öffentliches oder möglicherweise gemischtes Gut.[4] Bei der Bestimmung des Charakters des Gutes Bildung kommt es auf theoretische[5] und empirische Kriterien an. Zum einen wird auf finanzwissenschaftliche Prinzipien zurückgegriffen. Zum anderen spielt die konkrete institutionelle Ausgestaltung des Bildungssystems im Untersuchungsland eine Rolle, da beispielsweise die Hochschulbildung in einem Bildungssystem als Mischgut und in einem anderen als privates Gut eingebunden sein kann.

Als Nächstes ist bei der Bewertung von Bildungssystemen zu fragen, wer als Anbieter von Bildung auf den einzelnen Teilmärkten zugelassen ist bzw. zugelassen sein sollte. Das heißt, liegen die Voraussetzungen für ein natürliches Monopol des Staates oder vielmehr die für eine diversifizierte Angebotsstruktur mit privater Beteiligung auf einem mehr oder weniger stark regulierten Markt vor? Welche Marktstruktur würde den Anforderungen des jeweiligen Bildungsgutes (öffentliches, privates oder gemischtes Gut) am besten genügen?[6] Hierher gehören natürlich auch wettbewerbspolitische Gesichtspunkte im Hinblick auf eine Gleichbehandlung von öffentlichen und privaten Trägern. Auch die Frage, inwieweit Bildungsanbieter und -nachfrager das Recht auf eine freie Wahl der Schüler/Studierenden bzw. der Schule/Hochschule haben, ist wettbewerbspolitisch ebenso von Interesse wie die Voraussetzungen, die vorliegen müssen, um dieses Recht ausüben zu können. Letztere gelten dann als gegeben, wenn die Erfüllung von Leistungsstandards durch die Dienstleistungsanbieter für alle Teilnehmer transparent gemacht wird.

Aus dem Charakter der Bildungsgüter lassen sich zudem Anhaltspunkte für eine Beurteilung der Finanzierungs- und Organisationssysteme gewinnen. Finan-

---

4 Bildung hat darüber hinaus eine zusätzliche Dimension: Sie kann die Merkmale eines meritorischen Gutes aufweisen, dessen Bereitstellung von der Gesellschaft ausdrücklich befürwortet wird.

5 Zum Beispiel Ausschließbarkeit und Rivalität.

6 Auch öffentliche und gemischte Güter können von Privaten angeboten werden.

zierungs- und Organisationsformen haben einen Einfluss auf die Effizienz der Bereitstellung von Bildungsgütern. Hiermit sind z.B. alternative Finanzierungsansätze gemeint, die entweder eine staatliche oder private Vollfinanzierung oder eine hybride Finanzierung (Zuweisung aus den Länderhaushalten, Schul- und Studiengebühren, Gutscheine, Stipendien, Kredite, Bürgschaften, Akademikersteuer usw.) vorsehen. Auch mögliche Rechtsformen (rechtsfähige Anstalt des öffentlichen Rechts, eingetragener Verein, Stiftung, GmbH usw.) und Managementkonzepte (Ersatz der kameralistischen durch eine kaufmännische Kostenrechnung, schlanke Linienstruktur statt kollegialer Führung und paritätisch besetzter Gremien usw.) dürften für die Bildungsproduktion aus allokationspolitischer Sicht bedeutsam sein.

Unabhängig davon, ob private oder staatliche Dienstleistungsbetriebe Bildung anbieten, wird in der Öffentlichkeit vielfach ein gewisser Mindestgrad an (staatlicher) Regulierung des Gutes Bildung gefordert. Dabei geht es darum, dass auf regionaler bzw. nationaler Ebene Qualitätsstandards für einzelne Bildungsgüter entwickelt und umgesetzt werden, die in einer offenen und weltwirtschaftlich integrierten Volkswirtschaft gleichzeitig international wettbewerbsfähig sein sollten. Eng verknüpft mit der Frage der Qualitätsstandards ist die Fähigkeit eines Bildungssystems, seine Leistungen an den festgelegten Standards zu orientieren. Regelmäßige Leistungskontrollen können etwaige Abweichungen feststellen und bei der Ursachenanalyse behilflich sein. Leistungskontrollen bei öffentlichen oder gemischten Gütern können sehr unterschiedlich gestaltet werden. Sie können eine aktive Beteiligung von Insidern (z.B. Lehrern, Schülern und Eltern bzw. Hochschullehrern und Studenten) vorsehen, ausschließlich Externen (z.B. den Bildungsministerien der Länder, Hochschulräten) überlassen werden oder mit einer Beteiligung von beiden, internen und externen, Akteuren durchgeführt werden. Bei der Gestaltung von Leistungskontrollen muss die Möglichkeit berücksichtigt werden, dass im Sinne des Principal-Agent-Ansatzes bei einigen Konstruktionen Probleme auftreten können, die in die einschlägige Literatur als Moral Hazard bzw. Adverse Selection eingegangen sind.[7] Auf den Bildungsbereich angewandt wird hiermit die Möglichkeit bezeichnet, dass sich die tatsächliche Leistung der Lehrkräfte aufgrund von Informationsdefiziten nicht ausreichend beurteilen lässt und dass die Lehrkräfte hierdurch zu einem Verhalten angeregt werden, das das Erreichen von festgelegten Leistungsstandards erschwert.

Insgesamt gesehen steht die standortsichernde Bildungspolitik vor der Aufgabe, angesichts der Eigenschaften einzelner Bildungsgüter und -märkte geeignete Anreize zu schaffen, damit es auf den Bildungsmärkten nach Möglichkeit zu

[7] Zu den Organisationsproblemen, die als Folge asymmetrischer Information zustande kommen können, siehe z. B. Milgrom und Roberts (1992: 170 ff.).

einem Ausgleich von gesamtwirtschaftlichem Angebot einerseits und gesamtwirtschaftlicher Nachfrage andererseits kommt. Dabei ist der Marktausgleich stets unter Berücksichtigung der außenwirtschaftlichen Verflechtungen einer offenen Volkswirtschaft zu suchen; der Außenhandel mit Bildungsdienstleistungen ist in die Betrachtung einzubeziehen. Die Aufgabe erstreckt sich von der Gestaltung der bundesweiten und regionalen Rahmenbedingungen für die Aktivitäten staatlicher und/oder privater (einschließlich gemeinnütziger) Träger bis hin zur Regulierung bzw. Deregulierung einzelner Teilmärkte.

2 Die Nachfrage nach höherwertigen Qualifikationen in Deutschland

2.1 Vorbemerkungen zur statistischen Basis

Die Bildungsnachfrage in Deutschland wurde 1985/86 (bis 2000)[8], 1989 (bis 2010)[9], 1994/95 (bis 2010)[10] und zuletzt 1999 (bis 2010)[11] prognostiziert. Die ersten beiden Studien wurden von der Prognos AG in enger Zusammenarbeit mit dem Institut für Arbeitsmarkt- und Berufsforschung (IAB) im Auftrag der Bundesanstalt für Arbeit erstellt; Ausgangspunkt der Modellrechnungen waren die Daten der Volkszählung von 1987. In den Jahren 1994 und 1996 wurde die Studie von 1989 teilweise aktualisiert (Tessaring 1994; Prognos AG 1996). Die jüngste Studie (1999) stellt eine eigenständige Prognose auf der Basis von Ist-Daten von 1985 bis 1995 dar.

Die erwähnten Projektionen des *Qualifikationsbedarfs* gehen von einer Gliederung der Volkswirtschaft in drei Sektoren (Primär-, Sekundär- und Tertiärsektor) und einer Gruppierung der Erwerbstätigen nach mehreren Tätigkeitsanforderungen aus. Den Tätigkeitsanforderungen werden Bildungsabschlüsse zugeordnet. Auf diese Weise gelingt es, den gesamtwirtschaftlichen Bildungsbedarf unter bestimmten Annahmen über exogen vorgegebene Einflussgrößen zu prognostizieren. Allerdings gelingt es dabei nicht, den künftigen Bildungsbedarf einzelner (eng definierter) Branchen zu bestimmen. Zudem erstrecken sich die Prognosen von 1989 und die von 1999 ausschließlich auf die alten Bundesländer; nur in den teilweisen Aktualisierungen von 1994 und 1996 werden einige Vergleiche zwischen den alten und den neuen Bundesländern im Hinblick auf die Tätigkeitsanforderungen und Qualifikationen angestellt. Die Entwicklung der Löhne für einzelne Qualifikationen spielt sowohl bei den IAB/Prognos-Rechnungen als auch in den übrigen Studien keine Rolle. Das heißt: Die Vorausschätzungen spiegeln weder den Stand der Humankapitaltheorie noch den der Arbeitsmarktlehre wider.

Im Hinblick auf das *Angebot von Arbeitskräften* verschiedener Qualifikation liegen für Deutschland zwei ältere Projektionen und eine neue vor. Eine der älteren ist im Rahmen der Bildungsgesamtrechnung des IAB Ende der 80er Jahre

---

8 Siehe Prognos AG (1985, 1986).

9 Siehe Prognos AG (1989).

10 Siehe Weisshuhn (1994) und Bund-Länder-Kommission (BLK) (1995).

11 Siehe Schüssler et al. (1999) und Weidig (1999).

entstanden und erstreckt sich bis 2020 (Tessaring et al. 1990). Die andere ist Ergebnis der bereits erwähnten BLK-Studie von 1995. Wenngleich es sich bei diesen wie bei den Bedarfsprognosen um Modellrechnungen handelt, die heute kaum noch uneingeschränkte Aktualität besitzen dürften, gehen in beide Studien Variablen ein, die einen Einfluss auf die Verfügbarkeit von Qualifikationen haben, vor allem auf das sich in der Zeit verändernde Verhalten verschiedener Jahrgänge bei der Inanspruchnahme von Bildungschancen. Die neueste Projektion steht unter dem Einfluss demographischer Prognosen und wurde vom IAB (1999) erstellt. Beide Aspekte, die Bildungsbeteiligung und die Bevölkerungsentwicklung, sind für die Vorausschätzung des Angebots an Qualifikationen ebenso wichtig wie die Entwicklung ökonomischer Variablen (z.B. die relativen Löhne). Dass die Lohnentwicklung für einzelne Qualifikationen in die Angebotsschätzungen nicht eingegangen ist, stellt eine ihrer Hauptschwächen dar. Mit anderen Worten: Auch die Angebotsschätzungen nutzen die Erkenntnisse der Humankapital- und Arbeitsmarkttheorie nicht.

Für die Analyse des historischen Ist-Bestandes kann auf die Ergebnisse des Mikrozensus zurückgegriffen werden, die vom Statistischen Bundesamt veröffentlicht werden.[12] Wenngleich der Mikrozensus keine Daten für die neuen Bundesländer für 1990 und die Jahre davor enthält, besteht die Möglichkeit, die Ergebnisse des Mikrozensus durch weitere Statistiken zu ergänzen. Die Entwicklung einzelner Berufe und der zugehörigen Qualifikationen im Zeitablauf kann anhand einer einmaligen Aufbereitung der Beschäftigten- und Arbeitslosenstatistik der Bundesanstalt für Arbeit für alle Bundesländer und den Zeitraum 1985–1995 aufgezeigt werden (Parmentier et al. 1996).

Für die Vereinigten Staaten liegen einschlägige Prognosen für den Zeitraum 1996–2006 vor (Bureau of Labor Statistics 1997). Sie werden regelmäßig im Abstand von zwei Jahren vom Bureau of Labor Statistics des U.S. Department of Labor, Washington, für eine Periode von jeweils zehn Jahren erstellt. Die Projektionen beziehen sich auf das gesamtwirtschaftliche Wachstum, die (demographische) Entwicklung der Erwerbsbevölkerung und die Veränderungen des Beschäftigungsniveaus. Dabei wird die Beschäftigung nach 260 Branchen, 513 Berufen und 11 Qualifikationsklassen aufgegliedert. Im Unterschied zu den deutschen Prognosen, die eine Trennung von Angebot und Nachfrage vornehmen, geht bei den amerikanischen Projektionen die erwartete Entwicklung der Bevölkerung und der relativen Löhne, die das Qualifikationsangebot und die Qualifikationsnachfrage mitbestimmt, bereits in die Modellrechnung ein. Daher zeigen die Ergebnisse der Vorausschätzungen, wie sich der Ausgleich zwischen Angebot und Nachfrage vor dem Hintergrund der angenommenen wirtschaftlichen Daten gestalten könnte.

---

12 Siehe Statistisches Bundesamt, *Fachserie 1, Reihe 4.1.2* (1989, 1991, 1993, 1995).

2.2 Entwicklung der Qualifikationsmärkte in Deutschland

Das künftige *Angebot* an Arbeitskräften verschiedener Qualifikationen steht in Deutschland unter dem Einfluss der demographischen Entwicklung. Modellrechnungen des Statistischen Bundesamtes (Sommer 1994) haben ergeben, dass, unter bestimmten Annahmen über die zu erwartende Einwanderung, die Fertilitätsrate und die Lebenserwartung, nach 1998 mit dem Beginn eines Schrumpfungsprozesses zu rechnen ist, bei dem die Gesamtbevölkerung im Jahr 2040 auf ca. 70 Millionen Einwohner zurückgehen dürfte (Abbildung 1). Dieser Prozess, sollte er wie vorhergesagt eintreten, könnte den Rechnungen zufolge durch unerwartet hohe Einwanderungsströme allenfalls um einige Jahre in die Zukunft hinausgeschoben werden. Auch die jüngste Bevölkerungsvorausschätzung (Statistisches Bundesamt 2000) sieht ähnlich dramatische Rückgänge der Bevölkerung voraus.

Ein weiterer demographischer Aspekt, der Aufmerksamkeit verdient, ist das rapide zunehmende Durchschnittsalter der Bevölkerung, das heißt, der Rückgang des Anteils jüngerer Einwohner an der Gesamtbevölkerung. Abbildung 1 und Tabelle A3 zufolge wird der Anteil der Altersgruppe der 5- bis 29-Jährigen an der Gesamtbevölkerung zwischen 1995 und 2030 um etwa ein Drittel zurückgehen. Im internationalen Vergleich (OECD-Länder) nimmt Deutschland diesbezüglich eine Sonderstellung ein: der Anteil der 5- bis 14-Jährigen, zum Beispiel, soll im Zeitraum 1995–2010 nur in Italien stärker als in Deutschland schrumpfen (Tabelle A4). Es wäre jedoch verfehlt, allein hieraus Schlussfolgerungen bezüglich der Anzahl der Bildungsnachfrager auf den verschiedenen Bildungsmärkten zu ziehen. Angesichts eines insgesamt gesehen veränderten Bildungsverhaltens der Bevölkerung, das auf eine gestiegene Bildungsbeteiligung hinausläuft, sind zwei gegenläufige Tendenzen auszumachen: Einerseits geht die Bevölkerung im Zuge der demographischen Entwicklung zurück. Andererseits ist von einer gestiegenen Nachfrage nach den Möglichkeiten einer höheren Bildung auszugehen, da der Anteil jener an jedem Jahrgang, die nach einer höheren Bildung streben, seit den 70er Jahren kontinuierlich zugenommen hat. Daher kommt es bei der Abschätzung der Nachfrage nach Bildung auf die Nettoeffekte an.

Wenngleich sich in mehreren OECD-Ländern abzeichnet, dass es dort zu einer Nettozunahme der Nachfrage nach Abschlüssen kommt, die nach Erfüllung der Schulpflicht erworben werden können[13], stellt Deutschland in dieser Hinsicht eine der wenigen Ausnahmen dar: Die höhere Bildungsbeteiligung wird von dem überaus kräftigen Bevölkerungsrückgang überlagert. Dies hat zur Folge, dass die

---

13 In einigen Ländern zählt hierzu die Sekundarstufe II und in den meisten Ländern die akademischen und nichtakademischen tertiären Weiterbildungsmöglichkeiten.

Abbildung 1: Demographische Entwicklung Deutschlands 1995–2040

Modellrechnung A

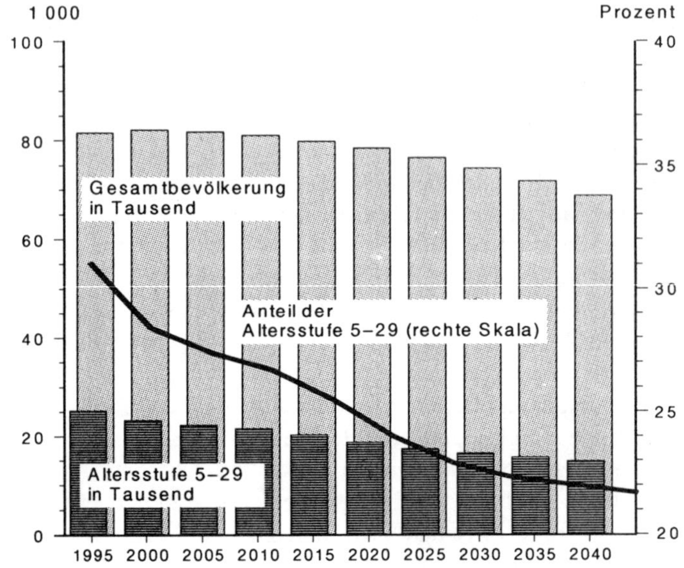

Modellrechnung B

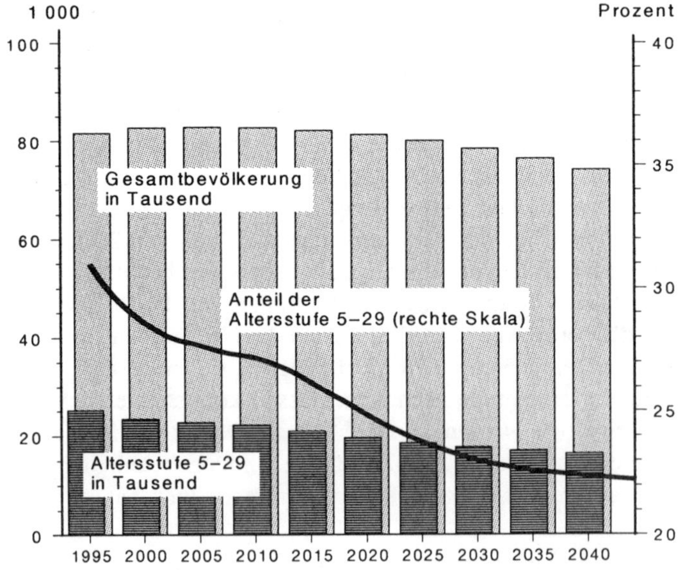

Quelle: Zu den Daten und Erläuterungen siehe Tabelle A3 im Anhang.

Anzahl der Schüler und Studierenden letztlich zurückgeht, wenn auch dieser Rückgang durch die höhere Bildungsbeteiligung etwas abgeschwächt wird. Die Anzahl der schulpflichtigen Kinder nimmt in dem erwähnten Szenario langfristig ab: Der Bestand in den allgemein bildenden Schulen soll sich bis zum Jahr 2010 um 1 513 000 Schülerinnen und Schüler verringern (Tabelle A5). Diese Welle scheint sich mit einer zeitlichen Verzögerung auf alle folgenden Stufen des Bildungssystems zu übertragen: An den beruflichen Schulen wird zunächst mit einem weiteren Anstieg der Schülerzahlen bis zum Jahr 2007 gerechnet. Der 2008 beginnende Abbau führt dazu, dass im Jahr 2014 wieder der Stand von vor 1995 erreicht würde (Tabelle A6). Für die Schulabsolventen mit Hochschulreife wird der Höchstbestand für 2008 prognostiziert (Tabelle A7). Dementsprechend sollen sich die Zahlen für die Anfänger an Fachhochschulen und Universitäten entwickeln. Die Anzahl der Studierenden an den Hochschulen würde im Jahr 2010 und die Anzahl der Hochschulabsolventen im Jahr 2013 ihr Maximum erreichen (Tabelle A7)

Die *Ist-Qualifikationsstruktur* der Beschäftigten kann den Mikrozensus-Daten entnommen werden (Parmentier et al. 1996; Statistisches Bundesamt, *Fachserie 1, Reihe 4.1.2* (1995)). Sie zeigt, dass unter den sozialversicherungspflichtig Beschäftigten der alten Bundesländer im Alter zwischen 16 und 64 Jahren im Zeitraum 1985–1995 der Anteil der Hauptschul- und Realschulabsolventen ohne berufliche Ausbildung ebenso abgenommen hat wie der Anteil der Hauptschüler mit einer abgeschlossenen beruflichen Ausbildung. Alle anderen Ausbildungskategorien haben im gleichen Zeitraum zugelegt. Ein geringer, aber wachsender Teil der Erwerbstätigen kann einen Hochschulabschluss (1995: 10,15 Prozent; 1985: 7,16 Prozent), einen Abschluss als Meister, Techniker oder einen vergleichbaren nichtakademischen tertiären Abschluss (1995: 6,3 Prozent; 1985: 5,53 Prozent) sowie die Hochschulreife (1995: 8,3 Prozent; 1985: 6,40 Prozent) vorweisen. Mehr als die Hälfte der Beschäftigten verfügt über eine abgeschlossene Berufsausbildung (1995: 61,6 Prozent; 1985: 58,33 Prozent).[14] Bezüglich der neuen Bundesländer werden ähnliche qualifikatorische Verschiebungen vermutet, zumal die Qualifikationsstruktur am Ende der 80er Jahre eine große Ähnlichkeit mit der der alten Bundesländer hatte. Unterschiede werden in der Gruppe der Niedrigqualifizierten festgestellt. Da diese Personengruppe in der ehemaligen DDR etwa halb so groß war wie in der damaligen Bundesrepublik, wird künftig mit einem etwas höheren Anteil der Niedrigqualifizierten in den neuen Bundesländern gerechnet. Die Qualifikationsstruktur der offen und versteckt Arbeitslosen wird vom Mikrozensus nicht erfasst.

---

[14] Rechnet man weitere nichtakademische tertiäre Abschlüsse hinzu, so ergibt sich ein etwas höherer Anteil der Beschäftigten mit abgeschlossener Berufsausbildung (1995: 83,3 Prozent).

Die *Angebotsprognose* der Bund-Länder-Kommission (BLK 1995) wurde auf der Basis des Mikrozensus und der Beschäftigtenstatistik erstellt. Sie zeigt für den Zeitraum 1991–2010 eine Abnahme bei den Erwerbspersonen ohne Ausbildungsabschluss (auf 15 Prozent), eine Stagnation bei den Personen mit einer beruflichen Ausbildung[15] (bei ca. 66 Prozent) und einen Zuwachs beim Akademikerangebot (von 12 auf 19 Prozent, von denen 7 Prozent auf Fachhochschulabsolventen und 12 Prozent auf Universitätsabsolventen entfallen).

Die IAB/Prognos-Modellrechnung zur *Nachfragesituation* verwendet eine statistische Aufteilung der Erwerbstätigen nach Qualifikationsmerkmalen, die sich von der des Mikrozensus unterscheidet. Trotzdem zeigt sie Tendenzen auf, die auch für andere statistische Gliederungen Geltung besitzen. Hinsichtlich des Bedarfs an Qualifikationen in Deutschland (alte Bundesländer) wird eine Halbierung des Anteils der Erwerbstätigen ohne abgeschlossene Berufsausbildung von 1987 bis 2010 prognostiziert; höchstens 13 Prozent der Arbeitsplätze könnten noch für diese Personengruppe zur Verfügung stehen. Der Anteil von Erwerbstätigen mit Erstausbildung oder einem vergleichbaren Abschluss (z.B. Berufsfachschule) soll in diesem Zeitraum nahezu konstant bleiben. Zunehmen sollen die Anteile der Absolventen von Fachschulen (einschl. Techniker- und Meisterschulen), Fachhochschulen und Universitäten, wobei für die Fachhochschulabsolventen der kräftigste Anstieg vorhergesagt wird. Zu einem tendenziell ähnlichen Ergebnis gelangen auch Weisshuhn et al. (1994), Tessaring (1994) in seiner teilweisen Aktualisierung der IAB/Prognos-Studie von 1989 und Schüssler et al. (1999), wie der Tabelle 1 entnommen werden kann.

Tabelle 1: Überblick über die alten und neuen Prognosen zur Entwicklung der Qualifikationsstruktur im Jahr 2010 (alte Bundesländer) (Prozent)

Qualifikation	Ist-Daten 1995	Prognosen für 2010	
		1994	1999
Ohne Berufsabschluss	16,7	10,1	11,4
Mit Berufsabschluss	83,3	89,9	88,6
darunter:			
– Lehre	60,5	63,3	59,6
– Fachschule	8,6	9,8	12,0
– Fachhochschule	5,1	5,6	6,7
– Hochschule	9,0	11,1	10,3
Insgesamt	100,0	100,0	100,0

Quelle: Schüssler et al. (1999: 59 [Tabelle 5–3]).

15 Dies sind Personen, die entweder eine Lehre absolviert oder einen Berufsfachschul-, Fachschul-, Meisterschul- und Technikerschulabschluss erworben haben.

Die Grundlage der Bedarfsprognose bilden Schätzungen der voraussichtlichen Entwicklung einzelner Tätigkeiten und Wirtschaftssektoren. Dabei wird ein Strukturwandel von der Landwirtschaft und dem Bergbau sowie der verarbeitenden Industrie hin zu den Dienstleistungen festgestellt. Demzufolge wird eine zunehmende Nachfrage nach Tätigkeiten vorausgesagt, die Dienstleistungscharakter haben. Letztere werden nicht nur in den eigentlichen Dienstleistungsbranchen, sondern auch in den sich technologisch wandelnden Branchen der verarbeitenden Industrie benötigt. Direkt produktionsorientierte Tätigkeiten (Gewinnen, Bearbeiten, Bauen, Bedienen von mechanischen Maschinen usw.) sollen rückläufig sein, traditionelle Dienstleistungen (Handeln, Reinigen, Bewirten, Bürotätigkeiten, Transportieren usw.) sollen ihren bisherigen Anteil behaupten können und so genannte sekundäre Dienstleistungen (Ausbilden, Beraten, Informieren, Organisieren, Managen, Forschen usw.) sollen kräftig expandieren. Wenngleich die Richtung des Strukturwandels zutreffend erfasst wird, scheint die Bedeutung, die der verarbeitenden Industrie in den Bildungsprognosen zugeschrieben wird, immer noch zu hoch zu sein. Bei einem Anteil dieses Sektors an der gesamtwirtschaftlichen Wertschöpfung Deutschlands von ca. 24 Prozent (1997) (Weltbank, Online-Datenbank) und der anhaltenden rückläufigen Tendenz müsste sich ein entsprechender Wandel bei den Tätigkeiten bemerkbar machen. Der Anteil der Dienstleistungen (1997 bei über 60 Prozent) ist nämlich inzwischen erheblich gestiegen, und vieles spricht dafür, dass er in den nächsten Jahren weiter ansteigen wird. Ferner fehlt jeglicher Hinweis auf die Informationswirtschaft, die in den Vereinigten Staaten bereits viele traditionelle Tätigkeiten verdrängt hat (Shapiro und Varian 1999) und die seit der Öffnung des Telefonmarktes im März 1998 auch in Deutschland rapide an Boden gewinnt.

Die jüngste Prognose verwendet ein mehrstufiges Verfahren, um die Qualifikationsstruktur zu schätzen; dabei werden ein ökonometrisches Modell und der Probitansatz verwendet. Als unabhängige Variablen gehen die Tätigkeiten, die Bevölkerungsentwicklung und das Geschlecht ein.

Eine *Gegenüberstellung von Qualifikationsangebot und -bedarf* ist von der Bund-Länder-Kommission (BLK 1995) vorgelegt worden. Die BLK erwartet für die Jahre 2000 und 2010 einen Arbeitskräfteüberschuss bei Personen ohne Ausbildungsabschluss (16,8 bzw. 30,8 Prozent des Angebots) und bei den Absolventen der Fachhochschulen (10,1 bzw. 23,8 Prozent) und der Universitäten (17,9 bzw. 22,4 Prozent). Bei Personen mit abgeschlossener Berufsausbildung wird hingegen ein Defizit errechnet (3,3 bzw. 4,4 Prozent des Bedarfs). Unterschiede zwischen den alten und den neuen Bundesländern kommen darin zum Ausdruck, dass in den neuen Bundesländern der Überhang in den einzelnen Qualifikationsgruppen noch höher als in den alten Bundesländern ausfällt und ein Fehlbetrag bei den Personen mit einer Berufsbildung nicht zu verzeichnen ist. Tessaring (1996) kommt zwar in seiner Bilanz zu deutlich geringeren Angebotsüberschüssen in den einzelnen Qualifikationsgruppen, aber zu einer vergleichbaren Zusammensetzung.[16] Auch die jüngste Prognose der Qualifikationsstruktur stimmt weitgehend mit den älteren Ergebnissen überein, mit dem Unterschied, dass die Nachfrage nach Geringqualifizierten etwas stärker zurückgeht und die Nachfrage nach Hochqualifizierten zwar geringe, aber positive Zuwächse erfährt, weshalb die Überschüsse deutlich schrumpfen. Letzteres deutet darauf hin, dass die demographische Entwicklung in den neuesten Prognosen bereits zu einer veränderten Einschätzung des Angebots an qualifizierten Arbeitskräften führt mit der Folge, dass sich dort Engpässe oder gar Defizite abzeichnen, wo noch vor wenigen Jahren von möglichen Überschüssen die Rede war: Der in der IAB-Studie (IAB 1999) vorausgesagte dramatische Rückgang des Erwerbspersonenpotentials und die Entwicklung am aktuellen Rand des Arbeitsmarkts in Deutschland lassen steigende Defizite im Bereich der mittleren und höheren Qualifikationen befürchten.

Die oben vorgestellten Prognosen zeigen, dass trotz einer insgesamt rückläufigen Gesamtbevölkerung und einer offensichtlichen Zunahme des Bedarfs an Hochschulabsolventen in Deutschland

- am unteren Ende der Qualifikationsleiter mit Angebotsüberschüssen,
- in den mittleren Qualifikationsgruppen mit einem Defizit und
- am oberen Ende mit Defiziten in einigen Bereichen
- zu rechnen sein wird.

Konkret heißt das: Überschüsse werden vor allem bei jenen Personengruppen zu verzeichnen sein, die

- keinen Hauptschulabschluss,
- einen Hauptschulabschluss, aber keinen Berufsabschluss,
- einen Hauptschulabschluss und einen Berufsschulabschluss,
- die mittlere Reife, aber keinen Berufsabschluss

erreicht haben. Im Hinblick auf die Hochqualifizierten mit einem Fachhochschul- und/oder einem Universitätsabschluss sehen die älteren Prognosen ein übermäßiges Angebot voraus, während neue Projektionen von selektiven Engpässen ausgehen.

Die größten Defizite werden verzeichnet bei den Personengruppen

- mit Hauptschul- und Fachschulabschluss,

---

16 Auch Tessaring (1996: 125) gelangt zu dem Ergebnis, dass der Bedarf an Personen mit einer abgeschlossenen beruflichen Bildung unabhängig von der unterstellten Wachstumsvariante höher ausfallen wird als die Angebotsprognose der BLK (1995).

- mit mittlerer Reife und einem Berufsabschluss im IT-Bereich,
- mit Hochschulreife und einem Berufsabschluss im IT-Bereich,
- mit mittlerer Reife und einem Fachschulabschluss mit IT-Schwerpunkt und
- mit einem Hochschulabschluss in einem mathematisch-naturwissenschaftlichen bzw. ingenieurwissenschaftlichen Fach.

Für die Bildungspolitik folgt daraus, dass die Primarschul- und Sekundarschulausbildung ebenso wie beide Bereiche der beruflichen Bildung, die Erstausbildung und die Weiterbildung, unter Berücksichtigung der Veränderungen bei der Bildungsbeteiligung langfristig an die Bevölkerungsentwicklung angepasst werden sollten. Gleichzeitig ergibt sich aus den Schätzungen, dass die Ausbildung an Fachhochschulen und Universitäten ebenfalls langfristig der Entwicklung der Bildungsbeteiligung und der Bevölkerung folgen sollte. Langfristig dominiert nämlich der Rückgang der Fertilität und damit der jungen Bevölkerung das Angebot an Arbeitskräften verschiedener Qualifikation. Ergibt sich auf der Basis der KMK-Prognosen der Plätze an allgemein bildenden und beruflichen Schulen sowie Hochschulen, dass es für diese drei Bereiche nach den Jahren 1998, 2006 bzw. 2010 zu einer rückläufigen Nachfrage kommen wird, so folgt daraus für die Bildungspolitik, dass das Angebot dieser Bildungsinstitutionen ab 1998, 2006 bzw. 2010 eingeschränkt werden sollte. Betrachtet man jedoch die jüngste demographische Prognose des Statistischen Bundesamtes, die in die Vorausschätzungen der KMK nicht eingegangen ist, so wäre möglicherweise eine frühere Angebotseinschränkung angezeigt. Der genaue Termin für die Wende könnte etwa als Ergebnis einer neuen KMK-Prognose bestimmt werden, vorausgesetzt, diese wird vor dem Hintergrund der neuesten Bevölkerungsprognosen erstellt.

Im Hinblick auf die kurze und mittlere Frist ergeben sich jedoch andere Konsequenzen für die Bildungspolitik, vor allem dann, wenn die gegenwärtige Struktur der Absolventen des Bildungssystems als Ausgangspunkt gewählt wird. Zur Zeit liegen Angaben für das Schuljahr 1998/99 vor (Tabelle 2).

Den Prognosen zufolge müssten die Realschulen und Gymnasien ebenso wie berufliche Schulen, auf denen die Abschlüsse mittlere Reife und Abitur erworben werden können, zu Lasten der Hauptschulen ausgebaut werden. Das heißt: Erstens sollte der Anteil der Schüler, die eine allgemein bildende oder berufliche Schule ohne Abschluss verlässt, reduziert werden. Dabei handelt es sich um Anteile von 9,0 Prozent (allgemein bildende Schulen) bzw. 18,8 Prozent (berufliche Schulen). Zweitens sollte der Anteil der Hauptschüler (27,5 Prozent in den allgemein bildenden Schulen und 3,5 Prozent in den beruflichen Schulen) ebenfalls verringert und sollten gleichzeitig die Anteile der Realschüler und Abiturienten (64,5 Prozent in allgemein bildenden Schulen bzw. 17,2 Prozent in beruflichen Schulen) nennenswert erhöht werden. Das Angebot der deutschen Hoch-

Tabelle 2: Absolventen und Absolventinnen aller allgemein bildenden und beruflichen Schulen in Deutschland (Schuljahr 1998/99)

Bildungsabschluss	in 1 000	in Prozent
1. Allgemein bildende Schulen		
Ohne Hauptschulabschluss	83,0	9,0
Mit Hauptschulabschluss	245,4	27,5
Mit Realschulabschluss	370,5	40,1
Mit Hochschulreife[a]	225,5	24,4
Insgesamt	924,4	100,0
2. Berufliche Schulen[b]		
Ohne Abschluss[c]	185,1	18,8
Mit Hauptschulabschluss	34,5	3,5
Mit Realschulabschluss[d]	65,1	6,6
Mit Hochschulreife[a]	104,3	10,6
Übrige Abschlüsse	595,2	60,4
Ohne Angabe	0,8	–
Insgesamt	985,0	100,0

[a]Allgemeine oder fachgebundene Hochschulreife. — [b]Ohne Schulen des Gesundheitswesens. — [c]Mit Abgangszeugnis (Ausbildungsziel nicht erreicht). — [d]Einschließlich gleichwertiger Abschlüsse.

Quelle: Statistisches Bundesamt, *Bildung im Zahlenspiegel* (2000: Übersicht 1.1.2).

schulen sollte zwar quantitativ auf dem gegenwärtigen Niveau aufrechterhalten werden, qualitativ jedoch zugunsten mathematisch-naturwissenschaftlicher und ingenieurwissenschaftlicher Studiengänge umstrukturiert werden.

2.3 Entwicklung der Qualifikationsmärkte in einem Vergleichsland (Vereinigte Staaten)

Für die Vereinigten Staaten wird eine geringe Zunahme der Gesamtbevölkerung im Zeitraum 1996–2006 prognostiziert. Ähnlich wie in Deutschland wird ein Anstieg des Durchschnittsalters der Erwerbstätigen vorausgesagt: die am schnellsten wachsende Altersgruppe ist die der 45- bis 64-Jährigen; die Altersgruppe der 24- bis 34-Jährigen ist rückläufig. Die Anzahl der Arbeitsplätze soll um 14 Prozent oder 19 Millionen zunehmen (2 Millionen weniger als im Zeitraum 1986–1996), und zwar überwiegend im Dienstleistungsbereich. Der Beschäftigtenanteil der verarbeitenden Industrie soll von 14 auf 12 Prozent im Jahr 2006 sinken. Am stärksten expandieren sollen medizinische, datenverarbeitungsbezogene und soziale Dienste, Management und Ingenieurdienstleistungen. Produktionsorientierte Tätigkeiten werden sich im Prognosezeitraum unterdurchschnittlich entwickeln. Das skizzierte Szenario führt zu einer um 14 Prozent höheren Nachfrage nach allen Qualifikationsgruppen. Kräftigere Zuwachsraten werden Erwerbstätige mit Hochschulbildung[17] erfahren: Der Anteil der Erwerbspersonen mit Hochschulausbildung an allen Erwerbstätigen soll von 25 Prozent im Jahr 1996 auf 26,5 Prozent im Jahr 2006 zunehmen; besonders stark vertreten sind die kürzeren Abschlüsse (z.B. Bachelor). Der Anteil von Personen mit einer beruflichen Ausbildung soll von 6,1 auf 5,8 Prozent und der von angelernten Arbeitskräften (mit Sekundarschulabschluss oder weniger schulischer Bildung) von 68,9 auf 67,7 Prozent zurückgehen. Das heißt, dass in den Vereinigten Staaten eine Verschiebung der Tätigkeiten zugunsten von Dienstleistungen, aber kaum nennenswerte Veränderungen der Ausbildungsanteile zu verzeichnen sein werden. Auffallend ist die nur unbedeutende Abnahme des Bedarfs an angelernten Arbeitskräften mit üblichen (Median-) Bruttomonatsverdiensten von 1 348 bis 1 960 Dollar.[18]

Ein Vergleich Deutschlands mit den Vereinigten Staaten zeigt Gemeinsamkeiten und Divergenzen. Der Trend hin zu Dienstleistungsberufen und zu höheren Qualifikationen ist in beiden Ländern seit mehreren Jahren ungebrochen. Jedoch vollziehen sich die damit einhergehenden Verschiebungen in den Vereinigten Staaten deutlich langsamer als in Deutschland, vor allem bei den Qualifikationen. In den Bedarfsprognosen für Deutschland sinkt der Anteil der Personen ohne abgeschlossene Berufsausbildung recht zügig, während in denen für die Vereinigte Staaten der Bedarf an geringqualifizierten (angelernten) Erwerbstätigen im Prognosezeitraum einen weit höheren Anteil ausmacht und außerdem nur verhältnismäßig wenig abnimmt. Derartige Unterschiede im Tempo, mit dem sich der Bedarf an geringqualifizierten Arbeitskräften in beiden Ländern langfristig wandeln soll, könnten mehreren Faktoren zugeschrieben werden. Erstens kann die Divergenz bei den Niedrigqualifizierten mit dem Fehlen eines ausgebauten Systems der beruflichen Bildung in den Vereinigten Staaten in Verbindung gebracht werden; die Angelernten nehmen in den Vereinigten Staaten zum Teil Arbeitsplätze ein, die in Deutschland ausschließlich Personen mit abgeschlossener Berufsausbildung offen stehen. Zweitens könnte der technische Fortschritt und die Diffusion neuen technischen Wissens in Deutschland nennenswert höhere

17 Zweijährige Studiengänge (associate degree), vierjährige Studiengänge (bachelor), fünf- oder sechsjährige Studiengänge (master's degree), Promotion (doctoral degree) und andere fünf- bis sechsjährige Studiengänge (first professional degree).

18 Gestaffelt nach der Dauer der Anlernzeit (2 426 bis 3 528 DM bei einem Wechselkurs von 1,80 DM je US-Dollar).

Raten als in den Vereinigten Staaten aufweisen und somit schnellere Verschiebungen bei den Qualifikationen zur Folge haben. Die deutschen Erfahrungen mit High-Tech-Industrien (Halbleitern, Telekommunikation, neue Materialien usw.) und mit dem Strukturwandel im Allgemeinen scheinen dies allerdings nicht zu bestätigen.

Am überzeugendsten dürfte (drittens) die These sein, dass das Fehlen von Niedriglohngruppen in Deutschland die Nachfrage nach Erwerbstätigen mit geringen Qualifikationen dämpft. Ein Blick auf die qualifikatorische Zusammensetzung der Arbeitslosen, so wie sie in der Statistik der Bundesanstalt für Arbeit ausgewiesen wird, unterstützt diese These: Personen ohne eine abgeschlossene Berufsausbildung oder ohne Haupt- oder Realschulabschluss sind bei den Arbeitslosen überdurchschnittlich vertreten; sie finden beim herrschenden (Mindest-)Lohn keine sozialversicherungspflichtige Beschäftigung in Deutschland (Tabelle A8). Wahrscheinlich ist die geringe Lohndifferenzierung im unteren Bereich in Deutschland für die Benachteiligung der Geringqualifizierten auf dem Arbeitsmarkt verantwortlich: Im Oktober 1995 wurde bei den Arbeitern bzw. Angestellten ohne Berufsausbildung ein durchschnittlicher Bruttomonatsverdienst von 4 210 bzw. 5 255 DM (Vereinigte Staaten: 2 426 bis 3 528 DM) und bei denen mit Berufsausbildung ein Verdienst von 4 615 bzw. 6181 DM (Vereinigte Staaten: 3 231 DM) registriert.[19] Die Verdienste der Beschäftigten mit Berufsausbildung lagen nur geringfügig darüber (um 405 DM höher bei den Arbeitern und um 926 DM höher bei den Angestellten); Angestellte mit Abitur verdienten in Durchschnitt 6 426 DM (Kaukewitsch 1998). Bei diesen Relationen überrascht es nicht, dass in Deutschland immer höhere Qualifikationen nachgefragt werden und dass dies mit einer Freisetzung der Geringqualifizierten einhergehen muss. Unklar bleibt, warum die geringen Lohndifferenzen, die zwischen Höherqualifizierten und Geringqualifizierten in Deutschland bestehen, die Arbeitskräfte zu höheren Bildungsinvestitionen veranlassen sollten: Die durchschnittlichen Bruttolohnzuwächse, die nach Erreichen des ersten Sockelbetrags von etwa 4 210 bzw. 5 255 DM (ohne abgeschlossene Berufsbildung) zusätzlich zu erzielen sind, scheinen gering zu sein (noch geringer sind die durchschnittlichen Nettolohnzuwächse).[20]

---

19 Diese Angaben gelten für Männer in den alten Bundesländern.

20 Ein Vergleich der Lohnstruktur mit den Leistungen des Arbeitsamtes und der Sozialhilfe im Falle von Arbeitslosigkeit würde das Fehlen von pekuniären Bildungsanreizen am unteren Ende des Qualifikationsspektrums vermutlich weiter akzentuieren. Das heißt: Personen ohne Berufsausbildung, die von Arbeitslosigkeit bedroht sind, wird die Entscheidung für die Arbeitslosigkeit (und gegen die Weiterbildung) leicht gemacht. In einem System mit vergütungsbezogenen Bildungsanreizen würde diese Personengruppe freiwillig nach höheren Abschlüssen streben.

2.4 Fazit

Die deutsche Qualifikationslandschaft zeichnet sich durch gegenläufige Tendenzen aus: Ungeachtet der (ungünstigen) demographischen Entwicklung und der zunehmenden Nachfrage nach Hochschulabsolventen, die von der Wirtschaft und dem Staat ausgeht, deuten die vorliegenden Prognosen darauf hin, dass am unteren Ende der Qualifikationsleiter mit deutlichen Angebotsüberschüssen, im Bereich der mittleren Qualifikationen mit Defiziten und bei den Hochschulabsolventen mit Engpässen in einigen Bereichen zu rechnen ist. Auf lange Sicht setzt sich in Deutschland die Bevölkerungsentwicklung durch, die einen Rückgang des Angebots an Arbeitskräften verschiedener Qualifikation zur Folge hat.

Ein Vergleich Deutschlands mit den Vereinigten Staaten zeigt sowohl Gemeinsamkeiten als auch Divergenzen. Der Trend hin zu Dienstleistungsberufen, vor allem zu solchen, die in der aufkommenden Informationsgesellschaft benötigt werden, und zu höheren Qualifikationen (Abschlüsse an Hochschulen und anderen tertiären Bildungseinrichtungen) ist in Deutschland wie in den Vereinigten Staaten seit mehreren Jahren ungebrochen. Jedoch vollziehen sich die damit einhergehenden Verschiebungen in den Vereinigten Staaten deutlich langsamer als in Deutschland, vor allem bei der Struktur der Nachfrage nach einzelnen Qualifikationen. In Deutschland verringert sich der Bedarf an Unqualifizierten und Geringqualifizierten überraschend schnell.

3 Überblick über das deutsche Bildungsangebot

3.1 Vorbemerkung

Das deutsche Bildungssystem zeichnet sich durch seine Breite, Vielfalt und Durchlässigkeit aus. In Darstellungen des Systems wird vielfach der Eindruck erweckt, als hätte man es nicht mit einem, sondern mit mehreren Systemen gleichzeitig zu tun, die nebeneinander existieren. Verstärkt wird dieser Eindruck durch die grundgesetzlich vorgegebene Kompetenzverteilung zwischen Bund und Ländern in den Fragen der Bildungspolitik und des Bildungsmanagements. In vielen Bereichen der Bildungspolitik liegt die Verantwortung überwiegend bei den Ländern. In der Praxis zeigt sich jedoch ein etwas anderes Bild: Auf einigen Gebieten genießt der Bund einen gewissen Vorrang und in anderen ist eine enge Zusammenarbeit zwischen dem Bund und den Ländern notwendig. Es ist deshalb im Grunde nicht schwer, fast in jedem Bildungsbereich Züge einer so genannten „Einheit in der Vielfalt" zu finden, zumindest was die allgemeinen Leitlinien der Bildungspolitik betrifft, die aber mit einem Primat des Bundes in der Bildungspolitik nicht verwechselt werden sollte. Die Einheit bezieht sich ausschließlich auf das Bildungsregime, nicht auf die Ergebnisse des Bildungssystems; regionale Disparitäten in den Ergebnissen können auch bei weitgehend homogenen Rahmenbedingungen zustande kommen. Aus ökonomischer Sicht überraschen die einheitlichen Züge des deutschen Bildungssystems kaum, spielt doch der Staat in Deutschland in den meisten Bildungsbereichen die führende Rolle, und zwar nicht nur als Regulierer, sondern auch als Anbieter.

Die zunehmende Internationalisierung der Wirtschaft einerseits und die fiskalischen Lasten der deutschen Wiedervereinigung sowie die notwendigen Anpassungen der Fiskalpolitik im Zuge der Einführung des Euro andererseits sind nicht ohne Auswirkungen auf die für Bildung im staatlichen Haushalt zur Verfügung stehenden Mittel sowie auf andere Aspekte des deutschen Bildungssystems geblieben. Diese Ereignisse haben zu einer Wiederbelebung der öffentlichen Diskussion über Bildungspolitik in Deutschland beigetragen. An verschiedenen Stellen des Bildungssystems sind in den letzten Jahren bereits Neuerungen eingeführt worden; andere sind geplant oder werden in Bälde folgen. Eine Bestandsaufnahme des gesamten Bildungssystems müsste beides, das überkommene System und die Neuerungen, umfassen. Dies würde jedoch den Rahmen und die Zielsetzung dieser Arbeit bei weitem sprengen. Im Folgenden geht es vielmehr darum, die Hauptmerkmale des Systems herauszuarbeiten und dabei mögliche Stärken und Schwächen im internationalen Vergleich zu verdeutlichen.

Die Darstellung des deutschen Bildungssystems erfolgt mit Hilfe der deutschen Statistik (Statistisches Bundesamt 1997c). Für den internationalen Vergleich der Bildungssysteme wird auf die Ergebnisse der TIMSS-Studien[21], auf Statistiken des Statistischen Bundesamts (1997a) sowie auf Indikatoren und Statistiken der OECD (1996a, 1996b, 1997a, 1997b, 1997c) zurückgegriffen. Ausgewählte Daten werden außerdem einer Reihe von Monographien zu einzelnen Aspekten der Bildung entnommen.

3.2 Das deutsche Bildungssystem im Überblick

3.2.1 Grundsätzliches

Eine erste Übersicht über das deutsche Bildungssystem vermittelt Abbildung 2, die als Flussdiagramm von unten nach oben aufgebaut ist. In internationalen Vergleichen wird in der Regel die Internationale Standardklassifikation für das Bildungswesen der UNESCO – die ISCED – verwendet, die das gesamte Bildungssystem in 9 Stufen einteilt: Vorschulerziehung (0), Primarstufe (1), Sekundarstufe I (2), Sekundarstufe II (3), nichtuniversitärer Tertiärbereich (5), universitärer Tertiärbereich (6: erster akademischer Grad und 7: höherer akademischer Grad) und sonstige, anders nicht zuordenbare Bildungsangebote (8/9). Dementsprechend zählen in Deutschland die Kindergärten (ISCED 0) sowie die Grundschulen und die Freien Waldorfschulen (ISCED 1) zur *Primarstufe*.

Die *Sekundarstufe I* (ISCED 2) besteht aus der Hauptschule, der Realschule, der Integrierten Gesamtschule sowie der Unter- und Mittelstufe des Gymnasiums. Hinzu kommen die schulartunabhängige Orientierungsstufe und die Freien Waldorfschulen. Die *Sekundarstufe II* (ISCED 3) gliedert sich in den allgemein bildenden und beruflich bildenden Teil. Die allgemein bildende Sekundarstufe II umfasst die Oberstufe der Freien Waldorfschule, die gymnasiale Oberstufe der Integrierten Gesamtschule und die Oberstufe des Gymnasiums. Im beruflich bildenden Teil der Sekundarstufe II befinden sich das Berufsvorbereitungsjahr, die Berufsaufbauschule, das Duale System, die Kollegschule, die Berufsfachschule, die Fachoberschule, die Berufsoberschule und das Fachgymnasium.

Der *Tertiärbereich* beginnt in der Stufe ISCED 5 mit der Fachschule, der Fachakademie, der Berufsakademie Schleswig-Holstein und den Schulen des Gesundheitswesens. Zur Tertiärstufe ISCED 6 rechnet man die Berufsakademie

---

21 Siehe Baumert et al. (1997, 1998) und International Association for the Evaluation of Educational Achievement (1997).

Abbildung 2: Grundstruktur des Bildungswesens in Deutschland[a]

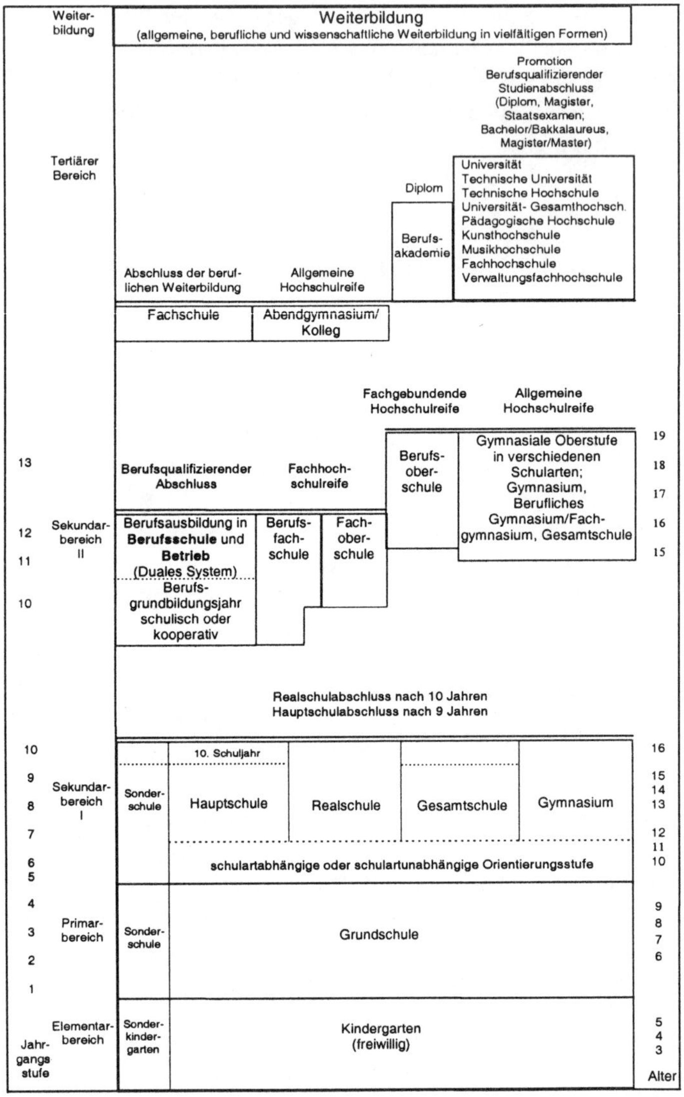

[a]Schematisierte Darstellung des Bildungswesens nach der durchschnittlichen Verteilung der Schülerzahlen im Jahr 1998. Einzelne Teile des Bildungswesens können in einigen Bundesländern von der Darstellung abweichen.

Quelle: BMBF (2000).

Baden-Württemberg, die Verwaltungsfachhochschule, die Fachhochschule und die wissenschaftlichen Hochschulen (Universität, Gesamthochschule, Pädagogische Hochschule, Theologische Hochschule und Kunsthochschule). In Deutschland macht das Promotionsstudium an einer wissenschaftlichen Hochschule die Stufe ISCED 7 aus.

3.2.2 Bildungswege in Deutschland

In Deutschland beginnt die Schulpflicht mit der Vollendung des 6. Lebensjahres und umfasst 9 Vollzeit- und 3 Teilzeitschuljahre (insgesamt also 12 Schuljahre). Die Vorschulerziehung für 3- bis 6-jährige Kinder ist freiwillig; sie findet außerhalb des Schulsystems statt und zählt zur Jugendhilfe. Nach Abschluss der 4-jährigen Grundschule erfolgt im Alter von etwa 10 Jahren der Übergang von der Primar- in die Sekundarstufe. Die Leistung der Schüler in der Grundschule und in der Orientierungsstufe (Zusammenfassung der Klassen 5 und 6) bestimmt weitgehend die weitere Schullaufbahn auf dem *ersten Bildungsweg* (Regelschulausbildung). Die Differenzierung kommt in der Sekundarstufe I zum Ausdruck. Die Hauptschulen sollen eine allgemeine Bildung vermitteln, die als Grundlage für eine praktische Berufsausbildung dient und die auf den Besuch einer Berufsschule vorbereitet. Je nach Regelung für das 10. Schuljahr in den einzelnen Bundesländern beträgt die Verweildauer 5 bis 6 Jahre.[22] Die Realschulen statten die Schüler mit einer etwas breiteren Allgemeinbildung aus und schaffen somit die Voraussetzungen für den Besuch der Fachoberschule, des Fach- oder Aufbaugymnasiums; Übergangsmöglichkeiten zum normalen Gymnasium bestehen auch. Der Realschulbesuch beträgt 4 bis 6 Jahre. Das Gymnasium umfasst die Jahrgangsstufen 5 bis 13 (Alter: von 10 bis 18/19 Jahre).[23] In der Regel bietet es verschiedene Zweige an, die sich in den Schwerpunktfächern unterscheiden. In der Oberstufe (Klassen 11/12 bis 13) geht die Klassenstruktur der Gymnasien in eine Kursstruktur über, die Grund- und Leistungskurse für einzelne Fächer vorsieht. Eine erfolgreiche Abiturprüfung berechtigt zum Studium an Hochschulen. In den Gesamtschulen können alle Abschlüsse der gegliederten Sekundarstufe erworben werden; diese Schulen sind häufig mit der gymnasialen Oberstufe organisatorisch verbunden.

Der *zweite Bildungsweg* gibt jungen Menschen die Möglichkeit, Wissen aufzuholen, das sie in der Regelschulausbildung versäumt haben. An Abendgymnasien können sich bereits berufstätige Personen das für die Abiturprüfung erforderliche Wissen aneignen.

---

22 Ohne Orientierungsstufe. Mit Orientierungsstufe beträgt sie 3 bis 4 Jahre.

23 Ohne Orientierungsstufe.

Ein relativ geringer Teil der Schüler in Deutschland besucht private Schulen.[24] Hierzu zählen Internatschulen, konfessionelle Schulen und die Freien Waldorfschulen. Im Gegensatz zu den staatlichen Schulen verlangen private Schulen die Entrichtung von Schulgebühren, zum Teil in Abhängigkeit vom Elterneinkommen. Das Grundgesetz definiert private Schulen als Ersatz für öffentliche Schulen und erteilt die Genehmigung für die Gründung solcher Schulen nur dann, wenn sie „in ihren Lehrzielen und Einrichtungen sowie in der wissenschaftlichen Ausbildung ihrer Lehrkräfte nicht hinter den öffentlichen Schulen zurückstehen und eine Sonderung der Schüler nach den Besitzverhältnissen der Eltern nicht gefördert wird" (Art. 7(4) GG). Freie Waldorfschulen folgen der Pädagogik von Rudolf Steiner und weichen daher in ihren Leitbildern zum Teil erheblich von den staatlichen Schulen ab.

Das im Grundgesetz verankerte staatliche System der allgemeinen Schulbildung, mit einer Schulpflicht für Kinder und Jugendliche einer bestimmten Altersgruppe, erfüllt weitgehend die finanzwissenschaftlichen Kriterien, die ein öffentliches Gut kennzeichnen. Es werden keine Personen ausgeschlossen, und mögliche Rivalitäten beim Konsum des Gutes Schulbildung werden vermieden. Der allgemeinen Schulbildung werden darüber hinaus positive externe Effekte zugeschrieben, die der Gesellschaft zugute kommen.[25]

3.2.3 Berufliche Bildung

Die berufliche Bildung wird gewöhnlich in Erstausbildung und Weiterbildung eingeteilt. Die Erstausbildung vollzieht sich überwiegend im Dualen System. Sie findet an zwei Lernorten statt, im (privaten) Betrieb und in der (meist staatlichen) Berufsschule, mit dem Ziel, das praktische Lernen im Betrieb mit dem theoretischen Lernen in der Berufsschule zu verbinden. Je nach Beruf dauert die Ausbildung bis zu 3 Jahre, wobei die meiste Zeit im Betrieb verbracht wird (60 Prozent). Die Abschlussprüfung wird vor Ausschüssen der Selbstverwaltungsorgane der Wirtschaft (den Kammern) abgelegt. Ein kleiner Teil der Auszubildenden besucht vor der dualen Lehrausbildung ein Berufsgrundbildungsjahr (Vollzeitschule), das auf die gesamte Ausbildungszeit angerechnet wird. Als schulische Vorbildung bringen die Auszubildenden meistens einen Realschulabschluss (1995: 35,2 Prozent) oder einen Hauptschulabschluss (1995: 31 Prozent) mit; im Jahr 1995 besaßen etwa 15 Prozent der Auszubildenden die Hochschulreife (Statistisches Bundesamt 1997b: 53).

---

[24] Der Anteil der privaten Schulen hat sich von 1970 (6,8 Prozent) bis 1997 (7,4 Prozent) wenig verändert.

[25] Beim Gut Schulbildung können private Erträge für die Schüler nicht ausgeschlossen werden.

Tabelle 3: Auszubildende in Deutschland nach Ausbildungsbereichen 1970–1996

Bereiche	1970	1980	1990	1993	1996
			Anzahl		
Alte Bundesländer	1 268 714	1 715 481	1 476 880	—	1 240 577
Neue Bundesländer	430 934	459 485	255 539	—	351 650
Deutschland insgesamt	1 699 648	2 174 966	1 732 419	1 629 312	1 592 227
			Zuwächse (Prozent)[a]		
	1970/80		1980/90		1990/96
Alte Bundesländer	31		–15		–18
Neue Bundesländer	7		–59		32
Deutschland insgesamt	24		–22		-9
			Anteile (Prozent)		
	1970	1980	1990	1993	1996
Industrie und Handel					
Alte Bundesländer	57	46	51	—	45
Neue Bundesländer	—	—	—	—	44
Deutschland insgesamt	—	—	—	48	44
Handwerk					
Alte Bundesländer	33	41	33	—	38
Neue Bundesländer	—	—	—	—	44
Deutschland insgesamt	—	—	—	35	39
Landwirtschaft					
Alte Bundesländer	3	3	2	—	2
Neue Bundesländer	—	—	—	—	3
Deutschland insgesamt	—	—	—	2	2
Öffentlicher Dienst					
Alte Bundesländer	—	3	4	—	3
Neue Bundesländer	—	—	—	—	3
Deutschland insgesamt	—	—	—	5	3
Übrige Bereiche					
Alte Bundesländer	—	7	10	—	12
Neue Bundesländer	—	—	—	—	6
Deutschland insgesamt	—	—	—	11	11

[a]Logarithmische Veränderungsraten. — Keine Angaben: —.

Quelle: Statistisches Bundesamt (1998); eigene Berechnungen.

Das Duale System durchlaufen in der Regel etwa 60 Prozent eines Jahrgangs (1970: 63,3 Prozent; 1997: 65,8 Prozent). Im Zeitablauf nimmt die Zahl der Auszubildenden im Zuge der demographischen Entwicklung und der gestiegenen Bildungsbeteiligung ab (Tabelle 3). Der überwiegende Teil der Ausbildungsplätze wird von der Industrie und dem Handel bereitgestellt; an zweiter Stelle folgt das Handwerk (Tabelle 3). Obgleich die „übrigen Bereiche" seit 1980 zugenommen haben, ist die Präsenz der Dienstleistungsbranchen (außer Handel) immer noch sehr gering; sie entspricht nicht dem Anteil der Dienstleistungen an der gesamtwirtschaftlichen Wertschöpfung, der über 60 Prozent liegt.

Neben der Berufsschule gibt es auch andere beruflich bildende Schulen. Berufsfachschulen beispielsweise, die eine berufliche Grundbildung vermitteln, können im Rahmen des Dualen Systems besucht werden. Andere Berufsfachschulen bieten eine vollständige Berufsausbildung und den Erwerb eines Abschlusses an. Für beide Berufsfachschularten stellen der Hauptschul- und der Realschulabschluss die Eintrittsvoraussetzung dar. Darüber hinaus existieren berufsbildende Schulen, die zur Hochschulreife (Fachgymnasien, Berufsoberschulen, Technische Oberschulen, Fachoberschulen) führen, Schulen, die kombinierte allgemein bildende und berufsbezogene Bildungsgänge anbieten (Kollegschulen), und Schulen, an denen man die Fachschulreife erwerben kann (Berufsaufbauschulen).

Der rechtliche und institutionelle Rahmen der dualen Berufsausbildung liegt in der Verantwortung von Bund und Ländern. Für die Berufsschulkomponente sind die Landesregierungen zuständig, während die Ausbildung in den Betrieben vom Bund geregelt wird. Hinzu kommen auf regionaler Ebene die Kammern, die vom Gesetz her mit einer Reihe von zentralen Aufgaben betraut sind (Aufsicht, Beratung von Trägern und Auszubildenden, Prüfungen, Schiedsgerichtsfunktion usw.).

Das Angebot von Ausbildungsplätzen in den Betrieben erfolgt auf freiwilliger Basis und folgt daher prinzipiell den betrieblichen Erfordernissen (Geschäftsentwicklung, Personalplanung usw.). Da bei einigen Großbetrieben die Anzahl der Ausbildungsplätze im Rahmen von Tarifverträgen festgelegt wird, in denen auch andere Aspekte der Erstausbildung wie die Lehrlingsvergütung und die Arbeitszeit bestimmt werden, entsteht oft der Eindruck, dass kein enger Zusammenhang zwischen der Anzahl der Ausbildungsplätze und dem Geschäftsverlauf einzelner Betriebe besteht. Für die überwiegende Mehrheit der mittelständischen und kleinen Betriebe, die die meisten Ausbildungsplätze in Deutschland zur Verfügung stellen, richtet sich das Angebot an Ausbildungsplätzen nach den gegenwärtigen und den erwarteten Geschäftsaussichten. Daher liegt es in der Natur der Sache, dass in Zeiten verhaltener konjunktureller Entwicklung weniger und in der Aufschwungsphase mehr Stellen angeboten werden. Wie aus Abbildung 3 ersehen werden kann, folgt das Angebot an Ausbildungsplätzen der privaten Investitionstätigkeit, vor allem dann, wenn die Lohnstückkosten stagnieren oder rückläufig sind. Ein Rückgang der Investitionstätigkeit zieht meistens eine Einschränkung des Ausbildungsplatzangebots nach sich. Die Anzahl der von den Betrieben angebotenen Stellen hängt außerdem von den Ausbildungskosten ab. Ähnlich wie auf anderen Märkten kommt es auch auf dem Markt für Ausbildungsplätze zu Überschüssen und Defiziten. Defizite können bei einer expansiven wirtschaftlichen Entwicklung bestehen bleiben, sofern die Mobilität der Auszubildenden eingeschränkt ist und es deshalb auf regionaler Ebene zu einem Nachfrageüberschuss kommt. Da das deutsche System der beruflichen Bildung verschiedene Möglichkeiten, eine Berufsausbildung auch ohne betriebliche Komponente zu erlangen, vorsieht (siehe oben), können junge Menschen, die keine betriebliche Ausbildungsstelle finden, dennoch eine Erstausbildung in einer Vollzeitberufsschule absolvieren.

Abbildung 3: Der Zusammenhang zwischen dem Angebot an Ausbildungsstellen und der wirtschaftlichen Entwicklung 1980–1998[a]

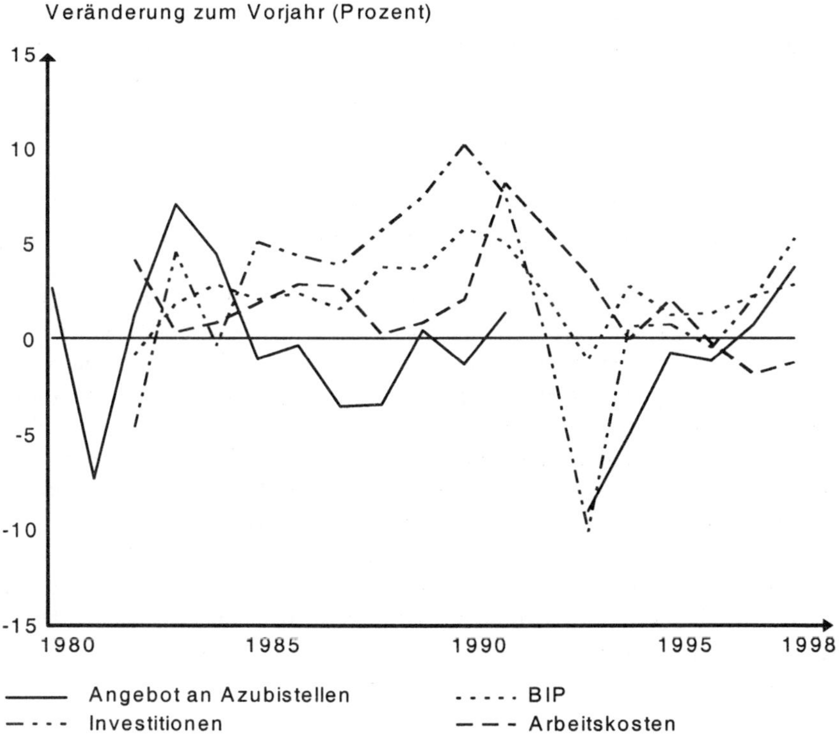

[a]Investitionen: reale private Bruttoinvestitionen ohne Wohnungsbau; BIP: reales Bruttoinlandsprodukt; Arbeitskosten: Lohnstückkosten nach dem OECD-Konzept. Größere Lücken beim Angebot an Azubistellen nach 1990 aufgrund von Umstellungen in der Statistik nach der Wiedervereinigung.

Quelle: BMBF (1999); OECD, *Wirtschaftsausblick* (Juni 1999).

Im nichtuniversitären Tertiärbereich werden Berufsbildungsgänge angeboten, die auf einer abgeschlossenen Berufsausbildung (Erstausbildung) oder einem Abschluss der Sekundarstufe II aufbauen. Nicht alle, aber viele dieser Bildungsgänge zählen zum Weiterbildungssegment des Systems der beruflichen Bildung und erfordern einen Schulbesuch zwischen einem und vier Jahren. Die wichtigsten Einrichtungen dieser Art sind die Fachschulen (Meisterschulen, Technikerschulen, Fachschulen für Sozialpädagogik), die auf dem Gebiet der beruflichen Fortbildung tätig sind und staatlich anerkannte Abschlüsse bieten, und die Schulen des Gesundheitswesens. Letztere bilden in den nichtakademischen Gesundheitsberufen aus, sind häufig mit Krankenhäusern verbunden und verlangen ein bestimmtes Mindestalter und ein Praktikum oder eine abgeschlossene Berufsausbildung als Voraussetzung für eine Aufnahme. Auch die Fachakademien, in denen Realschulabsolventen für eine gehobene Laufbahn vorbereitet werden, werden ebenso wie die Berufsakademien für dual ausgebildete Abiturienten dem außeruniversitären Tertiärbereich zugeordnet.

Die berufliche Weiterbildung gliedert sich in betriebliche, staatlich veranlasste und individuelle Weiterbildung. Mit ihr wird die Aufnahme des organisierten Lernens nach dem Abschluss einer ersten Bildungsphase bezeichnet. Nachfrager sind Betriebe (betriebliche Weiterbildung), der Staat (Maßnahmen nach dem Arbeitsförderungsgesetz) und einzelne Personen (individuelle Weiterbildung). Anbieter bzw. Träger von Weiterbildungsmaßnahmen sind private Dienstleister und staatliche Schulen. Vorliegende Untersuchungen haben festgestellt, dass es auf dem Weiterbildungsmarkt an Transparenz, Qualitätsstandards und Wettbewerb mangelt (Dicke et al. 1995; Foders 1998a). Die Nachfrager würden das für sie geeignete Angebot kaum identifizieren und vor allem die Qualität der Dienstleistungen nur schwer einschätzen können. In vielen Fällen würden private Anbieter zugunsten von staatlichen Trägern benachteiligt (Dicke 1997).

Insgesamt gesehen stellt das deutsche System der beruflichen Bildung ein gemischtes Gut dar. Es lassen sich sowohl Attribute eines öffentlichen Gutes (Regime des Dualen Systems, Berufsschulkomponente des Dualen Systems) als auch Attribute eines privaten Gutes (betriebliche Komponente des Dualen Systems, Weiterbildung) ausmachen.

3.2.4 Hochschulbildung

Der deutsche Bildungsbereich ISCED 6 und 7 umfasst staatliche und private Hochschulen. Generell wird zwischen sieben Arten von Hochschulen unterschieden, die jeweils spezielle Aufgaben haben und besondere Zugangsregelungen vorsehen. Für das Studium an Universitäten, Theologischen Hochschulen, Kunsthochschulen, Pädagogischen Hochschulen und die universitären Studiengänge an

Gesamthochschulen wird die allgemeine oder fachgebundene Hochschulreife vorausgesetzt. Die Fachhochschulen, Verwaltungsfachhochschulen und entsprechende Studiengänge an Gesamtschulen verlangen die Fachhochschulreife, die an Fachoberschulen bzw. nach Abschluss einer Berufsausbildung an Fachschulen erworben werden kann. Im Jahr 1994 hatten nahezu alle Universitätsstudenten und mehr als die Hälfte der Fachhochschulstudenten das Abitur (Tabelle 4). Auffällig ist zum einen die Zunahme des Anteils der Abiturienten an den Fachhochschulstudenten und zum anderen der gestiegene Anteil der Studenten mit Berufsausbildung (erworben vor Aufnahme des Studiums) in den 90er Jahren. Private Hochschulen weichen bei ihren Aufnahmebedingungen von den staatlichen Hochschulen ab: Sie verlangen neben der herkömmlichen Hochschulreife oft besondere Aufnahmeprüfungen und Auswahlgespräche (Tabelle 5).

Die Universitäten (einschließlich der Technischen Hochschulen) bieten eine große Bandbreite an Studiengängen an und haben das Recht, den Doktorgrad und die Lehrbefähigung an Hochschulen zu verleihen (Tabellen 6 und 7). Universitäten sind seit Beginn des neunzehnten Jahrhunderts der Forschung und der Lehre verpflichtet; dieses Modell wird sowohl von staatlichen als auch von privaten Universitäten angestrebt. Die Regelstudienzeiten bis zum ersten Abschluss sind an den Universitäten länger als die der Fachhochschulen (Tabelle 6); die tatsächlichen Studienzeiten an den Universitäten betragen zwei bis vier Semester mehr als die (theoretischen) Regelstudienzeiten (Tabelle A9). Die Regelstudienzeiten an privaten Hochschulen sind teilweise kürzer als an staatlichen Hochschulen; Angaben zur tatsächlichen Studiendauer liegen nicht vor (Tabelle 7).

Tabelle 4: Studierende in Deutschland nach ihrem Bildungsweg 1985–1994 (Prozent)

Region/Hochschule	Hochschulreife						Berufliche Ausbildung vor Studienbeginn		
	Gymnasium			übrige Schultypen					
	1985	1991	1994	1985	1991	1994	1985	1991	1994
Alte Bundesländer	—	—	—	—	—	—	24	30	33
Universität	91	92	95	9	8	5	17	21	23
Fachhochschule	38	49	54	62	51	46	50	59	65
Neue Bundesländer	—	—	—	—	—	—	—	—	40
Universität	—	—	70	—	—	30	—	39	35
Fachhochschule	—	—	41	—	—	59	—	—	65
Deutschland insg.	—	—	—	—	—	—	—	—	33
Universität	—	—	93	—	—	7	—	—	24
Fachhochschule	—	—	53	—	—	47	—	—	65

Keine Angaben verfügbar: —.

Quelle: BMBW (1994a: 78 [Bild 5.2], 80 [Bild 5.3]).

Tabelle 5: Aufnahmebedingungen und Studienförderung ausgewählter privater Hochschulen in Deutschland (Stand: Juli 1998)

Hochschule	Aufnahmebedingungen	Studienförderung
Wissenschaftliche Hochschule für Unternehmensführung Koblenz-Vallendar (Otto-Beisheim-Hochschule; gemeinnützige Stiftung)	Aufnahmeprüfung; Lehre/Praktikum; Sprachen	Stipendien; Darlehen
Privatuniversität Witten/Herdecke	Auswahlgespräch	Stundung der Studiengebühren
European Business School Oestrich-Winkel, Schloß Reichartshausen	Aufnahmeprüfung; Praktikum/ Berufserfahrung; Sprachen	Stipendien; Darlehen
EAP Berlin	Grundstudium; Sprachen	Bafög; Stipendien; Darlehen
Handelshochschule Leipzig / Leipzig Graduate School of Management (gemeinnützige GmbH)	Aufnahmeprüfung; Grundstudium bzw. Hauptstudium; Praktikum; Sprachen	Stipendien; Darlehen; 20 Prozent Freiplätze
International University Bruchsal GmbH	Master; Bachelor oder Abschluss einer Fachhochschule oder Berufsakademie; Praktikum/Berufserfahrung; TOEFL-Test; GRE-Test; GMAT-Test Bachelor: SAS-Test	25 Prozent Studienplätze über Stipendien; Darlehen
Northern Institute of Technology Hamburg-Harburg	Bachelor oder vergleichbarer Abschluss; Sprachen	30 Prozent Studienplätze über Stipendien
International University Bremen	Auswahlverfahren; GRE-Test; Sprachen	Stipendien
Gerd Bucerius International Law School Hamburg	Aufnahmeprüfung	25 Prozent Studienplätze über Stipendien

Quelle: Wirtschaftswoche Nr. 31, 23. Juli 1998; eigene Recherchen (Internet, telefonische Auskünfte der betreffenden Hochschule).

Die Fachhochschulen haben einen stärkeren Praxisbezug und sind durch eine straffere Studienorganisation gekennzeichnet. Von ihrer anwendungsbezogenen Ausrichtung her widmen sie sich hauptsächlich der Lehre. Sie haben weder Promotions- noch Habilitationsrecht. Fachhochschulabsolventen, die ein Promotionsstudium aufnehmen möchten, müssen dies an einer Universität tun.

Der Studienverlauf gliedert sich an Universitäten und Fachhochschulen in ein Grund- und Hauptstudium. Das Grundstudium schließt in vielen Studiengängen mit einer Zwischenprüfung ab, die jedoch keinen berufsqualifizierenden Abschluss darstellt. Im Hauptstudium wird das im Grundstudium erworbene Wissen vertieft.

Die Vergabe von Studienplätzen an den staatlichen Hochschulen erfolgt entweder direkt durch die Hochschule vor Ort, wenn kein bundesweiter Numerus clausus (NC) besteht, oder durch die Zentrale Vergabestelle von Studienplätzen (ZVS) in Dortmund. In den Fällen, in denen an einzelnen Hochschulen oder in

Tabelle 6: Überblick über das Studienangebot staatlicher Universitäten und Fachhochschulen in Deutschland (Wintersemester 1997/98)[a]

Fachgebiet	Hauptstudiengänge (Anzahl)	Abschlüsse		Regelstudienzeit (Semester)	
		Uni	FH	Uni	FH
Ingenieurwissenschaften	24	Diplom, Magister	Diplom (FH)	8–11	7–8
Mathematik, Naturwissenschaften	10	Diplom, Magister	Diplom (FH)	8–10	8
Agrar-, Forst-, Haushalts- und Ernährungswiss.	6	Diplom, Magister	Diplom (FH)	9	8
Medizin, Psychologie, Gesundheitswesen, Sport	6	Staatsexamen, Magister, Diplom	Diplom (FH)	8–12	8
Rechts-, Wirtschafts- und Sozialwissenschaften	7	Diplom, Magister, Staatsexamen	Diplom (FH)	7–9	8
Sprach- und Kulturwissenschaften	16	Magister, Diplom, Kirchl. Abschluss, Theol. Prüfung, Fakultätsexamen, Lizentiatsprüfung, Lehramtsprüfung	Diplom (FH)	8–11	6–7
Künstlerische und gestalterische Studiengänge	4	Diplom, Magister, Abschlussprüfung	Diplom (FH)	8–12	7–8
International ausgerichtete Studiengänge[b]	96	Diplom, Magister	Diplom (FH)	k.A.	k.A.
Lehramtsstudiengänge	5	Lehramtsprüfung	—	7–10	—

[a]Ohne Ausbildung für den höheren und gehobenen Dienst in der öffentlichen Verwaltung und für Offiziere der Bundeswehr. — [b]Oft sind doppelte Abschlüsse möglich: neben dem deutschen Abschluss kann auch ein ausländischer Abschluss an einer ausländischen Partnerhochschule erworben werden. Die Anzahl der Studiengänge bezieht sich auf die tatsächlich im WS 1997/98 angebotenen Studiengänge.

Quelle: BLK und Bundesanstalt für Arbeit (1997); eigene Zusammenstellung.

einzelnen Bundesländern der NC eingeführt wurde, werden die Studienplätze von der betroffenen Hochschule vergeben. Einzige Ausnahme ist Nordrhein-Westfalen, wo alle (bundesweite, landesweite und hochschulspezifische) NC-Studiengänge von der Zentralstelle verwaltet werden (Tabelle A10). Die Vergabemodalitäten der Zentralstelle sehen ein zweistufiges Verfahren vor, in dem zunächst Landesquoten für den größten Teil der zu vergebenden Studienplätze gebildet werden, und zwar nach der durchschnittlichen Abiturnote der Bewerber (Übersicht 1). Im Grunde wird hier mit einer rekursiven Methode eine Notenschwelle bestimmt, die bei der Allokation behilflich ist: Die Bewerber werden als Erstes auf die vorhandenen Studienplätze verteilt. Reichen die Plätze nicht für alle Bewerber aus, wird ein Ranking der Bewerber nach ihrer Durchschnittsnote aufgestellt; die Abiturnote des letzten Bewerbers, der noch einen Studienplatz erhält, gilt als Schwelle. Und dort, wo es mehr Studienplätze als Bewerber gibt, erhalten

Tabelle 7: Studienangebote ausgewählter privater Hochschulen in Deutschland (Stand: Juli 1998)

Hochschule	Studienangebot		
	Studiengang/Abschluss	Dauer (Jahre)	Plätze
Wissenschaftliche Hochschule für Unternehmensführung Koblenz-Vallendar (Otto-Beisheim-Hochschule; gemeinnützige Stiftung)	Betriebswirtschaft (Dipl.-Kaufmann; Dr.; habil.); Weiterbildung	Diplom: 4	255
Privatuniversität Witten/ Herdecke	Wirtschaftswissenschaften; Medizin; Zahnmedizin; Pflegewissenschaften; Musiktherapie; Naturwissenschaften	5	920
European Business School Oestrich-Winkel, Schloß Reichartshausen	Wirtschaftsinformatik und Betriebswirtschaft (Diplom; Dr.; habil.); Weiterbildung	5	700
EAP Berlin	Management	3	50
Handelshochschule Leipzig / Leipzig Graduate School of Management (gemeinnützige GmbH)	Betriebswirtschaft; Promotionsstudium	Diplom: 2 Promotion: 1	145
International University Bruchsal GmbH	Master-Studiengänge (Information and Communication; Business Administration); Bachelor-Studiengang (Science)	Master: 2 Bachelor: 3	90
Northern Institute of Technology Hamburg-Harburg	Master-Studiengänge (Material Science; Mechatronics; Process Engineering; Information and Communication Systems; Structural Engineering; Environmental Engineering; Production Technology)	Bachelor: 3 Master: 2	30
International University Bremen	Bachelor-, Master- und PhD-Programme (Ingenieur-, Natur-, Kultur- und Sozialwissenschaften)	Bachelor: 3 Master: 2 PhD: 3	1200
Gerd Bucerius International Law School Hamburg	Rechtswissenschaften	3,5 (Staatsexamen)	450

Quelle: Wirtschaftswoche Nr. 31, 23. Juli 1998; eigene Recherchen (Internet sowie telefonische Auskünfte der betreffenden Hochschule).

auch Abiturienten mit schlechteren Noten einen Studienplatz. Die Studienplätze werden daher eben nicht primär nach der Qualifikation der Bewerber vergeben. Dies würde dann der Fall sein, wenn im voraus eine Schwellennote (möglicherweise ergänzt durch andere, studienfachspezifische Kriterien wie Sprachen, ma-

Übersicht 1: Vergabe von Studienplätzen an staatlichen Hochschulen in Deutschland (Stand: 1997/98)

<table>
<tr><td colspan="3">Zulassungsbeschränkungen (Numerus clausus)</td></tr>
<tr><td colspan="2">bestehen</td><td>bestehen nicht</td></tr>
<tr><td>bundesweit oder im Land NRW
⇓</td><td>an einzelnen Hochschulen oder in einzelnen Bundesländern (außer NRW)
⇒</td><td>Bewerbung direkt bei der Hochschule</td></tr>
<tr><td colspan="3">Bewerbung bei der ZVS[a]
⇓</td></tr>
<tr><td colspan="3">Allgemeines Auswahlverfahren[b]</td></tr>
<tr><td colspan="3">Studienplatzangebot (Vorgabe der Bundesländer)
minus
Plätze für besondere Bewerbergruppen[c] (Vorabquoten)
= Restangebot an Studienplätzen (100 %): Vergabe:
• 60 % nach Qualifikation (durchschnittliche Abiturnote)
• 40 % nach Wartezeit (Halbjahre seit Erwerb der Studienberechtigung)
Zweistufiges Auswahlverfahren:
1. Stufe: (a) Nach Qualifikation: Bestimmung von 16 Landesquoten (für 60 % des Restangebots) und Zuweisung an Bewerber aus den jeweiligen Bundesländern
(b) Nach Wartezeit: Zuweisung von 40 % des Restangebots an Bewerber mit der höchsten Wartezeit (keine Landesquoten)
2. Stufe: Festlegung der Studienorte. Kriterien: Wünsche der Bewerber, besondere Gründe (familiärer Art), Wohnung im Elternhaus, usw.</td></tr>
<tr><td colspan="3">[a]Zentralstelle für die Vergabe von Studienplätzen, eine Einrichtung der Bundesländer. Bis einschließlich des Wintersemesters 1997/98 gab es ein besonderes Auswahlverfahren für die Vergabe von Studienplätzen der medizinischen Studiengänge (Human-, Zahn- und Tiermedizin). — [b]Neben dem allgemeinen Auswahlverfahren gibt es noch das Verteilungsverfahren. Dieses Verfahren dient ausschließlich der Verteilung von Bewerbern auf einzelne Studienorte (Hochschulen); für universitäre Studienplätze wird es nicht mehr verwandt. — [c]Härtefälle, Ausländer und Zweitstudienbewerber.</td></tr>
</table>

Quelle: BLK und Bundesanstalt für Arbeit (1997); ZVS (1997); telefonische Auskunft der ZVS; eigene Zusammenstellung.

thematisch-naturwissenschaftliche oder humanistische Veranlagung) vorgegeben und in jeden Fall angewandt würde; werden weniger qualifizierte Bewerber bestimmt, als freie Plätze angeboten werden, müssten einige Plätze unbesetzt bleiben. Das Verfahren der ZVS zieht eher ein rein quantitatives Zuteilungsverfahren vor: sind x Plätze da, dürfen x Personen studieren. Dabei kommt es nur in zweiter Linie auf die Qualifikation an; in erster Linie sollen Bewerber, die am Hochschulstandort oder in der näheren Umgebung wohnen, dort studieren dürfen.

Der Rest der Plätze (immerhin 40 Prozent) wird nach der Wartezeit der Bewerber zugeteilt. In einem weiteren Schritt werden die Studienorte innerhalb der Bundesländer bestimmt, ebenfalls nicht nach der Qualifikation der Bewerber, sondern nach sozialen Kriterien (Übersicht 1). Das zweistufige Verfahren erweckt den Eindruck, dass NC-Studienplätze in der Praxis nicht nach der Qualifikation der Bewerber, sondern prinzipiell nach dem Wohnsitz und der Länge der Wartezeit des Bewerbers vergeben werden. Darüber hinaus findet ein Wettbewerb zwischen den Sekundarschulabschlüssen von Bewerbern verschiedener Bundesländer nicht statt: Das Verfahren zielt darauf ab, ausschließlich Bewerber eines Bundeslandes miteinander in Konkurrenz treten zu lassen, und dies nur dann, wenn das Verhältnis von Bewerbern aus dem Bundesland und die in dem Bundesland zur Verfügung stehenden Plätze ungünstig ist, was nicht immer zutreffen muss. Angesichts der Wanderungen deutscher Studienanfänger (Statistisches Bundesamt 1997d) im Bundesgebiet muss gefragt werden, ob ein solches Verfahren den Unterschieden in den Abiturprüfungen und der Notengebung der Bundesländer gerecht werden kann. Das Verfahren weicht dieser Frage aus, indem es die Kriterien Wohnsitz und Wartezeit in den Vordergrund stellt; eine Bewertung der Abschlüsse verschiedener Bundesländer, die früher üblich war, findet heute nicht statt. Offenbar besteht bei dem oben skizzierten Verfahren, vor allem in dessen erster Auswahlstufe, die Gefahr, dass – wenn alle Zeugnisse gleich behandelt würden – Bundesländer mit einem relativ hohen Schulanforderungsniveau, in denen tendenziell weniger Spitzennoten vergeben werden, Zuwanderungen aus Bundesländern mit einem relativ niedrigen Schulanforderungsniveau erfahren, wo relativ viele Spitzennoten in den Schulen verteilt werden; letztere hätten bei der Vergabeprozedur der ZVS die größeren Chancen.

Die Wanderungsbilanzen der Studierenden zeigen darüber hinaus, dass es in Deutschland einen Bedarf für einen Finanzausgleich zwischen den Ländern gibt, da viele Studienplätze von Bewerbern beansprucht werden, die nicht am Studienort wohnen. Stadtstaaten wie Berlin, Bremen und Hamburg weisen nämlich recht hohe Importquoten auf (Wintersemester 1995/96: 41,9/31,0/ und 23,7 Prozent); hohe Exportquoten verzeichnen die Länder Niedersachsen (21,2 Prozent), Sachsen-Anhalt (18,5 Prozent) und Schleswig-Holstein (14,3 Prozent).[26] Die erste Stufe des ZVS-Verfahrens zielt darauf ab, derartige Wanderungen und damit die Notwendigkeit eines Finanztransfers zwischen den Ländern zu vermeiden – die Studierenden sollen dem Verfahren zufolge möglichst an ihrem Wohnort studie-

---

26 In Prozent der Hochschulzugangsberechtigten im jeweiligen Bundesland (Statistisches Bundesamt 1997d).

ren. Damit erweist sich das Verfahren als ungeeignet, um die Unterschiede zwischen den Abiturzeugnissen einzelner Bundesländer und auch die Wanderungen zwischen den Bundesländern zu berücksichtigen.

In der öffentlichen Diskussion wird immer wieder auf die „Überlastung" der Universitäten hingewiesen. Die Anzahl der Studierenden an Universitäten und Fachhochschulen ist in der Tat im Zeitraum von 1970 bis 1996 von unter einer halben Million auf über 1,8 Millionen angestiegen (Tabelle A11). Hintergrund dieser Entwicklung ist die veränderte Bildungsbeteiligung, die sich in der Zahl der studienberechtigten Schulabgänger widerspiegelt: 30 Prozent im Jahr 1996 gegenüber 11 Prozent im Jahr 1970. Vorliegende Vorausschätzungen des Statistischen Bundesamtes gehen von einem weiteren Anstieg der Zahl der Studienberechtigten bis zum Jahr 2008 aus. Demzufolge nimmt auch die Zahl der Studienanfänger und die der Studierenden bis 2008 zu (auf 2 bis 2,3 Millionen); die Absolventenzahl wird voraussichtlich erst nach dem Jahr 2015 wieder sinken (Tabelle A7). Gemäß der Empfehlung des Wissenschaftsrats zum 27. Rahmenplan für den Hochschulbau wird an den Hochschulen eine Kapazität von etwa einer Million Studienplätzen bereitgehalten. Das heißt, dass sich gegenwärtig 1,8 Studenten einen Studienplatz teilen; bei konstant bleibender Kapazität würde sich dieses Verhältnis in der nächsten Dekade weiter verschlechtern (auf 2,3:1 im Jahr 2008). Die Betreuungsrelation liegt bei etwa 9–10 Studierenden je Lehrkraft[27]; bezogen auf die Professoren beträgt sie jedoch 50:1.

Im Hinblick auf die Nachfrage nach einzelnen Studienrichtungen hat sich in den 90er Jahren ein Wandel in den Präferenzen der Studierenden vollzogen. Hervorzuheben ist, dass der Anteil der Studienanfänger in den Rechts-, Wirtschafts- und Sozialwissenschaften an der Gesamtzahl der Erstsemester von 1972/73 bis 1996/97 kräftig zugenommen hat. In den Ingenieurwissenschaften stieg der Anteil zunächst bis Mitte der 80er Jahre, verharrte auf hohem Niveau und fiel dann in den 90er Jahren auf das Niveau der 60er Jahre zurück. Eine ähnliche, wenngleich weniger dramatische Entwicklung fand in den Fächern Mathematik und Naturwissenschaften statt (Tabelle 8).

Die Hochschulbildung entspricht den Kriterien eines privaten Gutes. Private Attribute spiegeln sich in den Zugangsbeschränkungen (Ausschließbarkeit) und in der Überlastung der Hochschulen (Rivalität) wider. Akademiker können außerdem in der Regel die Erträge ihrer Ausbildung über ein höheres Einkommen internalisieren; dies unterstreicht den privaten Charakter der Hochschulbildung.

---

27 Professoren, Privatdozenten, Assistenten, wissenschaftliche Mitarbeiter und Lehrbeauftragte.

Tabelle 8: Entwicklung der Präferenzen von Studienanfängern bezüglich der von ihnen gewählten Studienrichtung in Deutschland 1972/73–1999/2000 (Prozent)[a]

Fachgruppe	1972/73	1975/76	1980/81	1985/86	1990/91	1996/97	1999/2000[b]
Ingenieurwissenschaften	19,1	21,6	19,9	23,5	23,3	17,5	17,1
Mathematik und Naturwiss.	17,9	16,8	14,7	15,9	16,8	13,1	16,0
Humanmedizin	2,9	3,0	5,3	4,4	3,5	4,1	3,9
Rechts-, Wirtschafts- und Sozialwiss.	22,7	23,5	29,5	29,6	31,6	35,8	35,6
Sprach- und Kulturwiss.	26,2	23,6	20,5	18,2	18,0	21,8	20,2
Übrige	11,2	11,5	10,1	8,4	6,8	7,7	7,2

[a]Anteil der Studienanfänger, die die jeweilige Fachgruppe gewählt haben. Das Studienjahr umfasst das zugehörige Sommersemester und das darauffolgende Wintersemester. — [b]Vorläufige Angaben.

Quelle: Statistisches Bundesamt, Online-Datenbank für den Bereich Bildung 1998, 1999, 2000.

3.3 Stärken und Schwächen des deutschen Bildungssystems im internationalen Vergleich

3.3.1 Bildungswege

Zu den Hauptmerkmalen des deutschen Bildungssystems zählen dessen Vielfalt und Durchlässigkeit. Dabei entstehen Übergangsmöglichkeiten nicht nur innerhalb des allgemein bildenden bzw. berufsbildenden Sektors; auch zwischen beiden Sektoren des Bildungssystems gibt es zahlreiche Schnittstellen. Dies kommt darin zum Ausdruck, dass mit Hilfe von einzelnen Bausteinen des Systems (z. B. Grundschule, Sekundarstufe I, Berufsfachschulen, Duales System, Fachoberschule, Gymnasium, Schulen des Gesundheitswesens, Fachschulen und Universität) eine große Zahl von möglichen Bildungswegen zusammengestellt werden können. Bei Zugrundelegung der 9 genannten Grundbausteine und unter Berücksichtigung der zulässigen Übergänge zwischen den einzelnen Bausteinen können 118 Bildungswege nachgewiesen werden (Statistisches Bundesamt 1997a: 63 ff.). Werden zusätzlich noch die einzelnen Spezialisierungen, die jeweils in den einzelnen Bildungswegen erreicht werden können (Elektriker, Krankenschwester, Rechtsanwalt usw.), in die Betrachtung einbezogen, so eröffnet sich dem Lerninteressierten eine breite Palette von Bildungsmöglichkeiten.

Die Anzahl der deutschen Bildungswege ist nach dem Statistischen Bundesamt (1997a) ähnlich hoch wie die Österreichs (117) und der Niederlande (101), aber niedriger als die der Schweiz (176). Länder wie das Vereinigte Königreich[28] (79) und Frankreich (32) bieten viel weniger Auswahlmöglichkeiten an. Daher zählt Deutschland zur Spitzengruppe der europäischen Länder mit einer sehr flexiblen Gestaltung der Bildungswege. Wie in einigen anderen europäischen Ländern (Österreich, Schweiz, Niederlande) setzen sich die Bildungsverläufe in Deutschland aus einer Abfolge von besuchten Bildungseinrichtungen zusammen, die jeweils hoch spezialisiert sind. Obwohl in England/Wales eine Kombination von verschiedenen Bildungsprogrammen, die an einer oder zwei Einrichtungen durchlaufen werden können, im Vordergrund steht, scheinen die Unterschiede in der Organisationsform keine Auswirkungen auf den Flexibilitätsgrad des Bildungssystems zu haben.

3.3.2 Der Faktor Zeit

Der Faktor Zeit ist in einer Welt, in der die Halbwertzeit des neuen Wissens immer kürzer wird, von großer Bedeutung. In Zukunft werden sich wenige Arbeitskräfte im Laufe ihres Lebens mit nur einem Bildungsabschluss, der vor Beginn ihrer Berufstätigkeit erworben wurde, zufrieden geben können. Das sich rapide ändernde Arbeitsplatzumfeld im Unternehmen wie beim Staat fordert von allen Erwerbstätigen eine Bereitschaft zum lebenslangen Lernen. Der Satz, dass man in der Schule „für das Leben lernt", gilt heute mit Nachdruck in dem Sinne, dass die Schule auf eine nachhaltige Lernbereitschaft und -fähigkeit vorbereitet. Die aktive Lebenszeit müsste im Idealfall mehrere Lernphasen umfassen, die gleichmäßig auf das Arbeitsleben verteilt werden sollten.

Im heutigen Bildungssystem wird zwischen einer reinen Bildungszeit und der Lebensarbeitszeit unterschieden (Abbildung 4). Die zeitliche Gliederung der Lern- und Arbeitszeiten hat zur Folge, dass die Erwerbstätigen mittlerer Qualifikation eine relativ kurze Lernphase und eine lange Arbeitszeit aufweisen. Erwerbstätige mit hoher Qualifikation haben hingegen eine viel längere Lernphase und eine kürzere Arbeitszeit. Wenngleich diese Struktur mit den Einkommensunterschieden zwischen den Qualifikationsgruppen begründet werden kann, wird sie in Zukunft nicht überlebensfähig sein. Zum einen zwingt das höhere Tempo der Wissensproduktion zu einer Aufteilung der Lernphase in mehrere kürzere Lernphasen, in denen das jeweils aktuelle Wissen aufgenommen wird. Zum anderen fordert die demographische Entwicklung mit ihrem dramatischen Rückgang des Anteils junger Menschen eine Ausschöpfung des gesamten Produktivitätspotentials aller Erwerbstätigen.

---

28 England und Wales (ohne Nordirland und Schottland).

Abbildung 4: Bildungs- und Arbeitszeiten heute

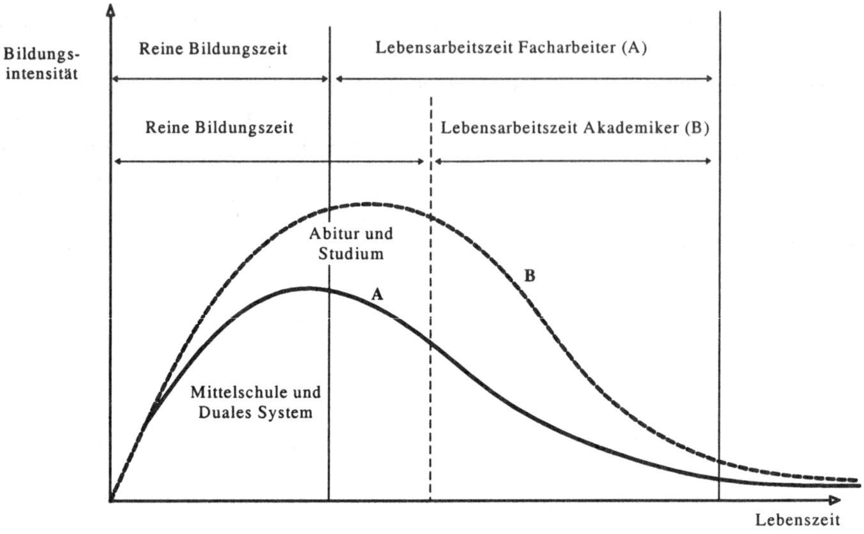

Oder anders: Wird das Produktivitätspotential während der aktiven Lebenszeit der Erwerbstätigen nicht besser als bisher genutzt, könnte ein gesamtwirtschaftlicher Leistungsabfall drohen. Daher besteht die Notwendigkeit, einen gesamtwirtschaftlichen Leistungsabfall dadurch zu verhindern, dass in einer alternden Gesellschaft, in der die Lebenserwartung kontinuierlich ausgedehnt wird, ältere Erwerbstätige ihre Arbeitsproduktivität so lange wie möglich mit Hilfe mehrerer Lernphasen aufrechterhalten. Die übermäßige Konzentration des Lernens auf die ersten 20 bis 25 Lebensjahre sollte zugunsten der Weiterbildung in späteren Jahren aufgegeben werden. Das heißt: Das Lernen in den ersten Jahren darf nicht zu lange dauern, und es muss vor allem Lerntechniken und Orientierungswissen vermitteln; Lerntechniken können ein ganzes Leben lang genutzt werden, während spezielles Wissen schnell obsolet werden kann. Die Verweildauer der Lernenden in den einzelnen Segmenten des Bildungssystems müsste neu geregelt werden.

Bezüglich des Einschulungsalters unterscheidet sich Deutschland mit seinen 6 Jahren nicht von den Bedingungen in Österreich und der Schweiz; ein niedrigeres Alter weisen Schulanfänger in den Niederlanden und England/Wales auf (5 Jahre). Doch zusammen mit der Schulpflicht von 12 Jahren, die in die Sekundarstufe II hineinreicht, ergibt sich für Deutschland (ebenso wie für Frankreich) eine Schulpflicht bis zum 18. Lebensjahr, die sich für Schüler der 13. Klasse um ein weiteres Jahr erhöht. In England/Wales und in den Niederlanden ist die Schulpflicht mit dem 16. Lebensjahr erfüllt, in Österreich und der Schweiz schon mit dem 15. Lebensjahr. Die Hochschulreife wird in Deutschland wie in Österreich und in der Schweiz mit 19 Jahren erreicht, in den Niederlanden mit 17/18 Jahren sowie in Frankreich und in England/Wales mit 18 Jahren.

Der Eintritt in den nichtuniversitären Tertiärbereich (ISCED 5) erfolgt in den meisten europäischen Ländern mit 18–19 Jahren; Ausnahmen bilden Irland (17–18 Jahre), Finnland (19–20 Jahre) und Dänemark (21–22 Jahre). Auch in Japan und den Vereinigten Staaten liegt das Eintrittsalter bei 18 Jahren. Beim Zugang zu den Hochschulen der Stufe ISCED 6 ergeben sich ebenfalls nur geringfügige internationale Unterschiede (18–19 Jahre). Größere Divergenzen zwischen den Ländern sind hingegen beim Übergang von ISCED 6 (erster Hochschulabschluss) in ISCED 7 (Master-Studiengänge, Promotion) zu verzeichnen. Während in Deutschland und der Schweiz das Eingangsalter mit 26 Jahren angegeben wird, besteht in Frankreich die Möglichkeit, bereits mit 21 Jahren diesen Abschnitt der Hochschulbildung zu beginnen; im übrigen europäischen Ausland (und in den Vereinigten Staaten) liegt das Eintrittsalter in der Regel bei 22–24 Jahren.

Noch markanter werden diese internationalen Unterschiede bei der Betrachtung des typischen Abschlussalters in den Tertiärbereichen ISCED 6 und 7 (Statistisches Bundesamt 1997a). Im ersten Bereich liegt Deutschland zusammen mit der Schweiz und Dänemark am oberen Ende (26 Jahre). Die meisten Länder Europas (Österreich: 22–25 Jahre, Belgien: 22–24 Jahre, Schweden: 23–24 Jahre usw.) liegen darunter. Die Beendigung eines Promotionsstudiums (ISCED 7) gelingt in Deutschland üblicherweise erst mit 29–31 Jahren. Wenngleich ähnlich hohe Altersgrenzen für die Schweiz genannt werden, sind sie in Ländern wie Österreich (24–27 Jahre), Frankreich (26 Jahre), Italien (25 Jahre), die Niederlande (28 Jahre) und Schweden (26–29 Jahre) zum Teil erheblich niedriger. Die Verweildauer im Hochschulbereich dürfte damit zusammenhängen, dass es an deutschen Universitäten überwiegend Studiengänge mit Regelstudienzeiten von 5 Jahren und mehr gibt. Ein relativ später Abschluss des Studiums wirkt sich notwendigerweise auf die Promotion aus.

Um mit dem knappen Gut Zeit besser wirtschaften zu können, bestünde für Deutschland die Möglichkeit, das Einschulungsalter zu senken, die Schulpflicht zu verringern, die Schuldauer bis zur Hochschulreife und vor allem die Verweildauer bis zu einem ersten berufsbefähigenden Abschluss in den Hochschulen zu verkürzen. Dadurch kann erreicht werden, dass die Absolventen der allgemein bildenden Schulen und der Hochschulen einen früheren Eintritt ins Arbeitsleben erfahren. Dieses nunmehr auf den ersten Blick längere Arbeitsleben sollte jedoch mehrmals für einzelne Lernphasen unterbrochen werden.

3.3.3 Berufliche Bildung

Das deutsche System der beruflichen Bildung ist in vielen Aspekten mit denen Österreichs und der Schweiz vergleichbar, besonders was das Duale System angeht. In Frankreich wird eine weitgehend vollzeitschulisch organisierte Erstausbildung mit Praktikum im Betrieb vorgezogen, in den Niederlanden existieren nebeneinander duale und vollzeitschulische Lehrgänge, und im Vereinigten Königreich steht eine betrieblich geprägte Berufsausbildung im Mittelpunkt. Bezüglich der Finanzierungsform bestehen erhebliche Unterschiede zwischen den Ländern: Mit Ausnahme des Vereinigten Königreichs, wo die Finanzierungslast ausschließlich bei den Betrieben liegt, spielt der Staat in den übrigen Ländern eine führende Rolle (Österreich, Schweiz, Niederlande, Frankreich); in Deutschland teilen sich die Betriebe und der Staat die Finanzierungslast, wobei die Betriebe den größten Teil der außerschulischen beruflichen Bildung tragen.

In Deutschland haben wiederkehrende Ungleichgewichte zwischen der Nachfrage und dem Angebot an Lehrstellen eine Diskussion über die Finanzierungsform ausgelöst. Gefordert wird, dass die Betriebe stets so viele Ausbildungsplätze zur Verfügung stellen, wie es Bewerber gibt. Diese Forderung geht davon aus, dass ein Ausgleich zwischen Angebot und Nachfrage möglich ist und dass Reibungsverluste nicht vorkommen. Vom Arbeitsmarkt ist jedoch hinlänglich bekannt, dass es aus sehr verschiedenen Gründen[29] zu Ungleichgewichten kommen kann, die über längere Zeiträume hinweg bestehen können, wie der Überblick über die Entwicklung der standardisierten Arbeitslosenquoten in den OECD-Ländern im Zeitraum 1956–1998 zeigt (Tabelle A2). Dies ist auf dem Markt für betriebliche Ausbildungsplätze in einer markwirtschaftlichen Ordnung kaum anders. Unternehmen bieten solche Plätze freiwillig an, sofern es die Gewinnerwartungen und die Personalplanung zulassen; verschlechtern sich die Erwartungen, wird weniger ausgebildet. Bei der Bereitstellung von Ausbildungsplätzen fallen Kosten an, deren Höhe unterschiedlich eingeschätzt wird. Einige Autoren[30] stellen zwar fest, dass die Nettokosten für die meisten Unternehmen nicht unerheblich sind, führen aber das verhaltene Angebot an Ausbildungsplätzen nicht auf die Höhe der Ausbildungskosten, sondern auf den reduzierten Bedarf an neu ausgebildeten Fachkräften zurück. Der Kostendruck wird nur dann als Grund für ein

---

29 Hierzu zählen in erster Linie institutionelle Regelungen, die die Arbeitskosten und die Steuerlast erhöhen sowie Anreize für das Nichtarbeiten schaffen und die sich negativ auf das Beschäftigungsniveau auswirken. Vgl. hierzu z. B. Reynolds (1995: 268 ff.).

30 Ein Überblick über die Positionen, die Einfluss auf die Debatte haben, findet sich bei Kath (1995) und in der Sammlung des Bundesinstituts für Berufsbildung (BIBB 1999). Kostenschätzungen sind von der Edding-Kommission (BMBW 1974) und von Bardeleben et al. (1997) vorgelegt worden.

verringertes Angebot gesehen, wenn es um Ausbildungsplätze geht, die über den eigenen betrieblichen Bedarf hinausgehen (Bardeleben et al. 1997: 8). Zu Recht weisen diese Autoren darauf hin, dass es sich bei der Ausbildung über Bedarf um einen gesellschaftlich durchaus wünschenswerten Effekt des Dualen Systems handelt, den der Ökonom unter der Rubrik „Externalität" oder „externe Effekte" verbuchen würde. In der Tat kommt auch Hocquet (1997) in ihrer empirischen Untersuchung der französischen Berufsbildung zu dem Ergebnis, dass die Mobilität der Ausgebildeten einen Einkommenseffekt hat, der viermal höher zu veranschlagen ist als in dem Fall, in dem die Ausgebildeten vom ausbildenden Betrieb übernommen werden. Bardeleben et al. (1997) legen eine sehr detaillierte Kostenrechnung (Voll- und Teilkostenrechnung) für verschiedene Branchen und Betriebsgrößen vor. Bei den Ertragsschätzungen berücksichtigen sie ausschließlich jene Erträge, die während der Ausbildungszeit von den Betrieben erzielt werden. Darauf, dass „der eigentliche Nutzen der Ausbildung für den einzelnen Ausbildungsbetrieb ... wie bei allen anderen Investitionen im „return on investment" (liegt), der *nach* der Ausbildung anfällt" (Bardeleben et al. 1997: 39), weisen die Autoren nur im Text hin; entsprechende Schätzungen werden nicht erstellt. Damit besitzen die geschätzten Nettokosten eine nur begrenzte Aussagefähigkeit bezüglich der die Debatte auslösenden Frage: Sind die Ausbildungskosten zu hoch? Denn die Antwort auf diese Frage aus ökonomischer Sicht müsste einen Vergleich zwischen den tatsächlichen Ausbildungskosten einerseits und den *erwarteten* Erträgen im Sinne der Investitionsrechnung andererseits beinhalten. Die Forschungsabteilungen internationaler Organisationen (u.a. Weltbank und OECD) folgen dem Stand der ökonomischen Bildungsforschung[31] und wenden die Kapitalwertmethode oder die Methode des internen Zinses an, um das Verhältnis der Kosten zu den erwarteten Erträgen mit Hilfe einer einzigen Größe (Kapitalwert in Geldeinheiten oder interner Zins in Prozent) zu erfassen und mit anderen Investitionen (auch Bildungsinvestitionen) zu vergleichen. Aus Tabelle A12 geht die so geschätzte Rentabilität von ausgewählten Abschlüssen in mehreren OECD-Ländern hervor; für die berufliche Bildung liegen leider (noch) keine international vergleichbaren Schätzungen vor. Ausgangspunkt für derartige Rechnungen ist die theoretisch begründete Erkenntnis, dass es einen Zusammenhang zwischen dem Ausbildungsgrad und dem später zu erzielenden Einkommen gibt (Abbildung 5), dass also jedem Abschluss ein Einkommensstrom zugeordnet werden kann.

Andere Autoren haben die Rentabilität des Dualen Systems geschätzt und sind dabei zu dem Ergebnis gekommen, dass für die Betriebe die Kosten höher seien

[31] Siehe den Überblick von Mincer (1992), vor allem die Ausführungen auf S. 9 ff. zur Rolle des internen Zinsfußes in der ökonomischen Bildungsforschung, und das grundlegende Buch von Becker (1975).

als die Erträge (Dicke et al. 1994). Folgt man diesen Schätzungen, liegt in Deutschland eine Situation vor, in der die privaten Kosten eines meritorischen Gutes höher als die sozialen oder gesellschaftlichen Kosten ausfallen. Da sich aber die Gesellschaft einen hohen Nutzen von der Bereitstellung von Ausbildungsplätzen verspricht, würde aus finanzwissenschaftlicher Sicht eine staatliche Subventionierung angezeigt sein. Die vorliegenden Schätzungen zeigen in der Tat, dass der Staat einen hohen Nutzen aus dem Dualen System zieht.[32] Eine andere Perspektive wäre, nach dem Nutzen der Erstausbildung für die Auszubildenden zu fragen. Dieser scheint – den Schätzungen zufolge – am höchsten zu sein. Aus diesen beiden Ergebnissen könnte geschlossen werden, dass der Betrieb ent-

Abbildung 5: Durchschnittliches Einkommen bei verschiedenen Abschlüssen im Vergleich zum Sekundarschulabschluss (Index = 100) in OECD-Ländern 1977

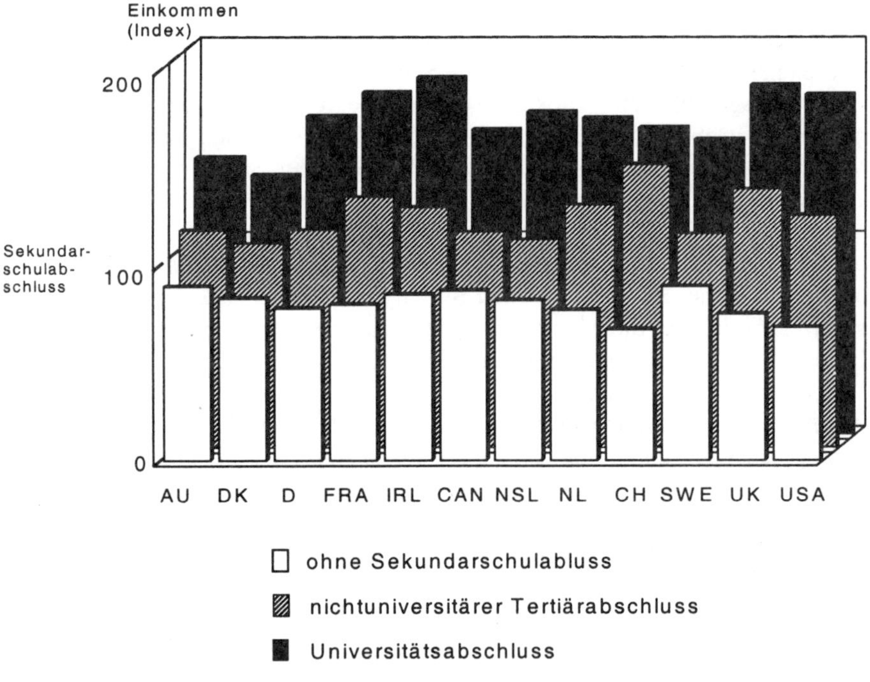

Quelle: OECD, Online-Datenbank 1999.

32 Für den Staat sind die Erträge höher als die Kosten (Dicke et al. 1994). Dies liegt daran, dass der Staat weniger investiert, als er später in Form von Steuereinnahmen von den Absolventen des Dualen Systems erhält.

weder finanzielle Hilfen vom Staat oder Lehrgeld von den Auszubildenden erhalten sollte, um das Angebot an Lehrstellen aufrechtzuerhalten. Da staatliche Subventionen eine Reihe von negativen Anreizwirkungen (Verringerung des freiwilligen Angebots an Stellen) besitzen und zu Missbrauch (Scheinausbildung, Umleitung der Mittel) verleiten können, scheiden sie als ernstzunehmende wirtschaftspolitische Empfehlung aus. Die Einführung eines Lehrgeldes würde zwar dem gemischt privaten und öffentlichen Charakter der beruflichen Ausbildung besser gerecht werden: da der Auszubildende einen großen materiellen Vorteil durch die Ausbildung hat, wird er an den Kosten der Ausbildung beteiligt. Dies kann zum Beispiel über einen Verzicht auf einen Teil der Vergütung geleistet werden. Doch in der Geschichte der beruflichen Bildung in Deutschland hat die tarifbezogene Vergütung die früher bestehende Lehrgeldpflicht abgelöst. Eine Rückkehr zum Lehrgeld wäre heute gesellschaftspolitisch eher unwahrscheinlich.

Der Staat könnte jedoch in einer anderen Weise bei der Finanzierung der Erstausbildung eingebunden werden. Neben dem Beitrag, den er bereits durch die Bereitstellung von öffentlichen Berufsschulen leistet, könnte er nach der Einführung des Meister-Bafög auch eine finanzielle Förderung von Auszubildenden anbieten (Azubi-Bafög). Eine solche Maßnahme würde die Gleichstellung der beruflichen Bildung mit der allgemeinen Schulbildung ein gutes Stück voranbringen. Da in einer Zeit defizitärer Haushalte eine Erhöhung der Bafög-Mittel, um die Gruppe der Auszubildenden direkt zu fördern, an enge Grenzen stößt, sollten alternative Modelle, auch Mischmodelle, erwogen werden. Eine Möglichkeit bestünde darin, eine Stiftung Berufliche Bildung zu gründen, deren Ausgangskapital aus zwei Quellen gespeist werden könnte: Die Wirtschaft und der Staat könnten je zur Hälfte das Kapital einzahlen.[33] Die Azubi- oder Gesellenstipendien könnten einkommensabhängig vergeben werden. Das Stiftungskapital müsste ertragbringend (international) angelegt werden, um die Stipendien und die Kosten der Verwaltung und der Einkommensprüfung zu decken. Die ausbildenden Unternehmen würden fortan keine Vergütung mehr, wohl aber die Beiträge zur Sozialversicherung für die Auszubildenden entrichten. Somit fielen die Vergütungen als Kostenbestandteil bei den Unternehmen weg; sie würden durch ein gemischt finanziertes Stipendium ersetzt, das vom Elterneinkommen abhängig und ganz oder teilweise rückzahlbar sein sollte.

In Deutschland ist jedoch eine etwas andere Diskussion um die Finanzierung der beruflichen Bildung entstanden (BMBW 1974; Lith 1997), die sich nicht an der Verteilung der tatsächlich entstandenen Kosten und Erträge auf den Staat, die Betriebe und die Auszubildenden orientiert. Zwei Modelle prägen die Debatte: Mit Hilfe eines Umlageverfahrens sollen im Modell der Edding-Kommission alle

---

33 Alternative Kapitalrelationen wären ebenso möglich und diskussionswürdig wie Einnahmen in Form von zweckgebundenen Spenden.

Unternehmen (private wie öffentliche, ausbildende und nichtausbildende) eine Abgabe an einen zentralen Berufsbildungsfonds abführen (BMBW 1974). Aus diesem Fonds werden dann Finanzierungshilfen an Betriebe gezahlt, die den noch festzulegenden Anforderungen genügen müssen. Im zweiten, in der Öffentlichkeit gegenwärtig diskutierten Modell sollen Unternehmen, die nicht oder nicht mehr ausbilden, zu einer Abgabe verpflichtet werden. Der Erlös aus diesen Strafzahlungen soll den ausbildenden Unternehmen als Hilfe zufließen und dazu dienen, einen Teil der Ausbildungskosten zu decken. Die so erhobene Steuer auf das Nichtausbilden soll also als Subvention an Unternehmen weitergeleitet werden, die ausbilden. Dieses Modell führt wie das erste zu einer weiteren Erhöhung der ohnehin hohen Abgabenlast der Unternehmen in Deutschland und ist ansonsten ebenso anreizverzerrend wie andere Subventionen und Abgaben auch. Für alle Unternehmen verschlechtert sich der Standort, weil sich die Abgaben erhöhen; für die begünstigten Unternehmen ergeben sich keine zusätzlichen Anreize, Produktivitätsgewinne zu erzielen. Durch die Gewährung staatlicher Subventionen werden oft mehrere Ziele verfolgt, so auch das Ziel, die Jugendarbeitslosigkeit in Grenzen zu halten. Die Erfahrungen anderer Länder (z.B. Frankreich) zeigen, dass die Ausbildungsabgabe keineswegs ein Instrument ist, das die Arbeitsmarktsituation der Jugendlichen zu verbessern vermag. Es gibt Anhaltspunkte dafür, dass das überkommene deutsche Bildungssystem (einschließlich der beruflichen Bildung) dazu beigetragen hat, dass in den Altersgruppen der 15- bis 19-Jährigen und der 20- bis 24-Jährigen nur vergleichsweise niedrige Arbeitslosenquoten zu beobachten sind. Nur drei OECD-Länder (Dänemark, Deutschland und Österreich) weisen in der Gruppe der 15- bis 19-Jährigen einstellige Quoten auf; die übrigen Länder haben bei ihren Jugendlichen mit Quoten zwischen 16,1 Prozent (Portugal) und 49,6 Prozent (Spanien) zu kämpfen (Tabelle A13). Daraus folgt, dass es auch ohne Ausbildungsumlage möglich ist, junge Menschen nachhaltig vor der Arbeitslosigkeit zu bewahren.

3.3.4 Allgemeine Bildung

Die Ergebnisse der TIMSS-Studien und die Zweifel vieler deutscher Betriebe und Verbände an der Ausbildungsreife von Haupt- und Realschülern könnten so interpretiert werden, dass die allgemein bildenden Schulen in Deutschland Probleme mit der Durchsetzung und Aufrechterhaltung von Leistungsstandards haben. Dabei geht es insbesondere um die mathematisch-naturwissenschaftlichen Leistungen der Schüler. Dieses Problem teilt Deutschland mit anderen europäischen Ländern und den Vereinigten Staaten, die große Defizite bei der Kontrolle der Leistungen von Schulen aufweisen. Meistens liegt dies daran, dass regelmäßige Überprüfungen der Leistungen von Schülern und Lehrern nicht stattfinden und dass dort, wo Tests regelmäßig durchgeführt werden, diese selten zum Anlass für Korrekturmaßnahmen genommen werden.

Die TIMSS-Studien haben deutlich gemacht, dass Tests notwendig sind, um die relative Position einer Schule oder Schulform im Leistungswettbewerb mit anderen zu bestimmen. Auf diesem Weg lassen sich Kriterien entwickeln, die für die Beurteilung der Leistung von Schülern, Lehrern und Schulen geeignet sind. In Ländern wie dem Vereinigten Königreich oder Frankreich mit einem landesweiten Curriculum (National curriculum) fällt dies leichter als in Ländern wie Deutschland oder der Schweiz mit einer dezentralen Bildungsorganisation. Ein nationales Curriculum kann ebenso wie das Zentralabitur zur Bildung von Benchmarks (Referenzwerten) herangezogen werden. Im Vereinigten Königreich zum Beispiel werden die Ergebnisse der Abiturprüfungen (GCE-A/AS-Abschluss auf high schools, grammar schools und comprehensive schools) in überregionalen Zeitungen veröffentlicht, damit für eine breite Öffentlichkeit (Eltern, Schüler, Wirtschaft und Staat) transparent werden kann, welche Schulen zu den Spitzenreitern zählen (und welche nicht). Dieses Verfahren hat großen Einfluss auf die Wahl der Schulen durch die Eltern und auf die Beurteilung von Bewerbungen durch das Personalmanagement in Unternehmen.[34]

3.3.5 Hochschulfinanzierung

Die traditionelle Finanzierung der Hochschulen steht im Zuge angespannter Haushalte in einer Reihe von europäischen und außereuropäischen Ländern auf dem Prüfstand. In Deutschland geht die Verringerung des Anteils der Grundmittel[35] an den Einnahmen der Hochschulen um mehr als sieben Prozent von 1985 bis 1998 mit einer seit 1993 nur verhaltenen Zunahme der inflationsbereinigten Einnahmen einher (Tabelle 9). Auf der Suche nach neuen oder unkonventionellen Finanzierungsquellen werden die rechtlichen Spielräume in den einzelnen Ländern ausgelotet und die Erfahrungen, die andere Länder (Vereinigte Staaten, Australien usw.) mit der Verringerung der finanziellen Abhängigkeit vom Staatshaushalt gesammelt haben, ausgewertet.

Die Optionen auf diesem Gebiet sind aber nicht unendlich groß. Als erste Möglichkeit zur Verbesserung der Finanzierung bietet sich eine *effizientere Mittelverwendung* an. Diese kann über organisatorische Maßnahmen erreicht wer-

---

34 Ähnlich ist es auch in Frankreich, wo die überregionale Tageszeitung *Le Monde* (1995) die Ergebnisse der Abiturprüfungen (Bac) regelmäßig veröffentlicht und außerdem neuerdings ins Internet stellt.

35 Ausgaben der öffentlichen Haushalte für den Aufgabenbereich der Hochschulen; außerdem verfügen die Hochschulen über Einnahmen aus Verwaltungsgebühren und über Drittmittel aus Projekten, die für Dritte erstellt wurden.

Tabelle 9: Struktur und Entwicklung der Einnahmen und Ausgaben der Hochschulen in Deutschland 1980–1998[a]

Einnahmen-/ Ausgabenart	1980		1985		1990		1993		1995		1998	
	Mill. DM	%	Mill. DM	%	Mill. DM	%	Mill. DM	%	Mill. DM	%	Mill. DM	%
						Struktur						
Einnahmen	18 427	100	23 309	100	30 675	100	44 639	100	48 714	100	51 600	100
Grundmittel	—	—	15 622	67,0	19 757	64,4	27 515	61,6	29 848	61,3	30 700	59,5
Verwaltungsein.	4 038	21,9	6 087	26,1	8 362	27,3	13 393	30,0	14 771	30,3	16 100	31,2
Drittmittel	—	—	1 600	6,9	2 555	8,3	3 731	8,4	4 095	8,4	4 800	9,3
Ausgaben	18 427	100	23 309	100	30 675	100	44 639	100	48 714	100	51 600	100
Laufende Ausg.	15 791	85,7	20 428	87,6	26 856	87,6	39 634	88,8	43 174	88,6	—	—
Investitionen	2 636	14,3	2 881	12,4	3 818	12,4	5 005	11,2	5 540	11,4	—	—

Zuwachs[b]

Einnahmen (= Ausgaben) insgesamt	1980/85	1985/90	1990/93	1993/95	1995/98
Nominal	24,0	27,0	38,0	8,0	6,0
Real[c]	5,0	21,0	26,0	4,0	2,0
Real pro Jahr	1,0	4,2	8,7	2,0	0,7

[a]Bis 1990 nur früheres Bundesgebiet, danach Deutschland insgesamt. — [b]Logarithmische Veränderungsraten. — [c]Deflationiert mit dem Preisindex für die Lebenshaltung aller privaten Haushalte (1995 = 100).

Quelle: Statistisches Bundesamt, Online-Datenbank 1998, 1999, 2000; Deutsche Bundesbank, *Monatsberichte* (versch. Jgg.).

den, etwa in Form eines Globalhaushalts, die den Hochschulen eine höhere Finanzautonomie gegenüber den zuständigen Länderministerien gewähren. Allerdings müsste der Globalhaushalt auch die laufenden Ausgaben, also die Personalkosten, einschließen, die den größten Posten ausmachen (Tabelle 9). Erst dann, wenn die Hochschulen autonom über die Höhe und Zusammensetzung der Personalausgaben entscheiden können, haben sie Einfluss auf die Mittelverwendung. Des Weiteren sind für eine verbesserte Verwendung der Mittel die Stärkung des Managements und die Schaffung einer adäquaten Kostenrechnung notwendig. Sofern eine Professionalisierung des Hochschulmanagements in Form einer Aufwertung der Stellung von Rektoren, Dekanen und Kanzlern im Rahmen der kollegialen Führung in der Gremienhochschule rechtlich möglich ist, würde ein leistungsbezogenes System monetärer Anreize (und Sanktionen) für diesen Personenkreis, der nicht verbeamtet sein dürfte, für eine höhere Effizienz sorgen.

Die Mehrheit der deutschen Hochschulen praktiziert ein kameralistisches System für die Erfassung der Mittelflüsse. Die Nachteile, die dieses System hat, wenn es darum geht, knappe Mittel effizient zu verwenden, sind in der umfangreichen Literatur ausführlich diskutiert worden.[36] Vor allem die mangelnde Informationstransparenz, die unzureichende Erfassung von kostenverursachenden Leistungen und die fehlende Eignung, um Managemententscheidungen unterstützen zu können, verhindern den zielgerichteten Einsatz der Kameralistik als Führungsinstrument zur Steigerung der Leistungsfähigkeit der Hochschulen. Diese Erkenntnis hat zu einer Reihe von Vorschlägen zur Reform der Kameralistik geführt, wie z. B. die Entwicklung neuer Kostenrechnungssysteme auf der Basis des existierenden Systems durch die Hochschul-Informations-System GmbH, Hannover (HIS). Die HIS hat im Rahmen des Projekts „Kostenrechnung an Hochschulen – Erfassung und Bewertung hochschulinterner Kostenstrukturen" Methoden für die Kostenerfassung hervorgebracht und sie zum Teil in Modellversuchen erprobt (Kuhnert und Leszcensky 1998). Damit sind auch im Hochschulbereich Ansätze aufgegriffen worden, die in den 90er Jahren in weiten Teilen des öffentlichen Dienstes diskutiert und angewendet worden sind (Stichwort: Budgetierung). Trotz der vielen Versuche, die Kameralistik zu reformieren, liegen bislang keine vergleichenden Untersuchungen vor, die über die relative Güte der neuen Verfahren Auskunft geben könnten.

Als Alternative zur reformierten Kameralistik wird häufig die Privatisierung öffentlicher Einrichtungen gefordert. Dies ist jedoch vor allem im Falle der Hochschulen weder eine notwendige noch eine hinreichende Voraussetzung, um eine effiziente Mittelverwendung sicherzustellen. Denn: „Nicht der Status (privatrechtlich oder öffentlich-rechtlich) des Gesellschafters gibt den Ausschlag, sondern der Rahmen, unter dem eine Leistung erzeugt und vertrieben wird" (Coenenberg et al. 1997: Vorwort). Das heißt, die Einführung einer kaufmännischen Buchhaltung und Kostenrechnung wäre grundsätzlich auch im Hochschulbereich möglich, und zwar ohne die Hochschulen aus ihrem öffentlich-rechtlichen Status entlassen zu müssen. Eine solche institutionelle Lösung bietet beispielsweise das deutsche Stiftungsrecht.

Neben der Einführung einer leistungsfähigen Kostenrechnung könnte der *Anteil der Drittmittel* an den Einnahmen erhöht werden. Diese könnten Forschungsmittel sein, aber auch Einnahmen aus wissenschaftlicher Weiterbildung (z.B. MBA-Kurse) einschließen. Letztere verspricht eine wichtige Einnahmequelle zu werden, vor allem im Zeitalter des lebenslangen Lernens, sofern die Bundesländer die entsprechenden rechtlichen Voraussetzungen dafür schaffen. Über derartige Kurse könnte die Kapazitätsauslastung aller staatlichen Bildungseinrichtungen erheblich verbessert werden (an Wochenenden und in den Semesterferien) und zusätzliche Einnahmen für die Lehrkräfte erzielt werden. Auch bei der Erhöhung des Drittmittelanteils an der Finanzierung müssten entsprechende (finanzielle) Anreize (für die Lehrkräfte) geschaffen werden.

---

36 Vgl. z.B. Budäus und Buchholtz (1997); Coenenberg et al. (1997); Haiber (1997) und Zboril (1997).

Eine wichtige Option ist die *Einführung von Studiengebühren*. Dieses Instrument findet seine Rechtfertigung darin, dass eine Hochschulausbildung als ein privates Gut einzustufen ist. Dies wiederum beruht darauf, dass die meisten Studiengänge die Studierenden nach Abschluss ihrer Ausbildung in die Lage versetzen, ein Einkommen zu erzielen, das im Allgemeinen höher als das Einkommen von Personen ohne Hochschulausbildung ist. Die kleinere Zahl von Studiengängen (so genannte Orchideenfächer), die sich nicht generell für eine wirtschaftliche Verwertung eignen, können als reine öffentliche Güter definiert werden, sofern sie einen meritorischen Charakter haben, also von der Gesellschaft (nicht nur von den Insidern) erwünscht sind. Der Privatgut-Charakter des Hochschulstudiums lässt eine Beteiligung der Studierenden an den Kosten des Studiums sinnvoll erscheinen, weil Akademiker den Nutzen ihrer Ausbildung vollständig internalisieren können. Aus finanzwissenschaftlicher Sicht wäre in diesem Fall das „benefit principle" anzuwenden, das in Analogie zum Markt davon ausgeht, dass der Begünstigte nach der Maßgabe seines Nutzens für die Kosten der Bereitstellung eines Gutes aufzukommen hat (Buchanan und Flowers 1987: 55 ff.).

Studiengebühren müssten einen Beitrag zur Deckung der tatsächlichen Kosten des Studiums leisten. Leider ist es im Rahmen des staatlichen Systems der Rechnungslegung (Kameralistik) nicht einfach, diese Kosten zu ermitteln. Das Dilemma besteht darin, dass zu diesem Zweck betriebswirtschaftliche Kostenbegriffe verwendet werden müssten, die in der Kameralistik keine Entsprechung finden. Mehrere Autoren/Stellen haben den Versuch unternommen, aus dem monetären Fluss einer staatlichen Universität Kosten für einzelne Studiengänge abzuleiten (Mertens und Haase 1996; Wissenschaftsrat 1997; Lüdecke und Beckmann 1998). Während der Wissenschaftsrat sowie Mertens und Haase in ihren Schätzungen von den tatsächlich anfallenden Kosten (im betriebswirtschaftlichen Sinne) ausgegangen sind, haben Lüdecke und Beckmann Kostenschätzungen im volkswirtschaftlichen Sinne, die dem Opportunitätskostenprinzip folgen, vorgelegt. Durch die Anwendung des Opportunitätskostenprinzips wird das den Studierenden während des Studiums entgangene Einkommen in der Kalkulation berücksichtigt. Wenngleich die drei Schätzungen viele Gemeinsamkeiten aufweisen, führt doch der Opportunitätskostenansatz zu konzeptionell anderen Ergebnissen als die betriebswirtschaftlichen Kostenrechnungen. Strittig ist allerdings, ob der betriebswirtschaftliche Kostenansatz in allen Bereichen konsequent durchgehalten wurde; Lüdecke und Beckmann kommen nämlich in ihrer Kritik der Kostenrechnung des Wissenschaftsrats zu der Einschätzung, dass Leistungen der medizinischen Fakultäten, die üblicherweise über die Krankenversicherungen abgerechnet werden, aus den Kosten des Medizinstudiums herausgerechnet werden sollten.

Aus den betriebswirtschaftlich orientierten Schätzungen (des Wissenschaftsrates 1997 sowie von Mertens und Haase 1996; vgl. Tabellen A14 und A15) geht als Erstes hervor, dass es zum Teil erhebliche Abweichungen in den Kosten einzelner Studiengänge gibt und dass die Kosten desselben Studiengangs an verschiedenen Universitäten nicht identisch sind, dass es also große Produktivitätsunterschiede zwischen deutschen staatlichen Universitäten zu geben scheint. Im Hinblick auf den Beitrag, den Studiengebühren bei der Finanzierung der Studienkosten leisten könnten, stellen sich zwei Fragen:

- Wie hoch müsste eine nach Studiengängen differenzierte Studiengebühr sein, um einen gegebenen Anteil an den Kosten einzelner Studiengänge zu decken?
- Welchen Beitrag können einheitliche Studiengebühren zur Finanzierung der Kosten einzelner Studiengänge leisten?

Wie aus Tabelle 10 hervorgeht, wären beispielsweise im Falle einer 33prozentigen Finanzierung der Studienkosten über Studiengebühren für die naturwissenschaftlichen Studiengänge ca. 11 000 bis 13 000 DM (ohne Medizin) pro Jahr und Studierenden, hingegen für andere, weniger materialintensive Studiengänge zwischen 3 000 und 4 000 DM anzusetzen. Im zweiten Fall, in dem von nichtdifferenzierten Gebühren ausgegangen wird, zeigt sich, dass eine Gebühr von 2 500 DM fast 30 Prozent der Kosten eines (materialarmen) wirtschaftswissenschaftlichen Studiums, aber nur 7 Prozent der Kosten eines (materialintensiven)

Tabelle 10: Geschätzte Höhe von Studiengebühren[a] für einzelne Fächergruppen nach alternativen Finanzierungsmodalitäten in Deutschland

Fächergruppe	Finanzierungsmix: Gebührenanteil[b] (Prozent)				
	25	33	40	50	100
Sprach- und Kulturwissenschaften	2 788	3 680	4 460	5 575	11 150
Rechts-, Wirtschafts- und Sozialwissenschaften	2 156	2 846	3 450	4 313	8 625
Mathematik und Naturwissenschaften	10 058	13 277	16 093	20 116	40 233
Humanmedizin	12 450	16 434	19 920	24 900	49 800
Ingenieurwissenschaften	8 932	11 790	14 291	17 864	35 728
Übrige	4 509	5 952	7 215	9 019	18 037

[a]Studiengebühr pro Jahr und Studierenden über eine Laufzeit von 5 Jahren; gerundete Zahlen. — [b]Anteil der Studienkosten, die durch Gebühren finanziert werden. Ein Gebührenanteil von 25 Prozent bedeutet gleichzeitig, dass 75 Prozent der Studienkosten entweder ausschließlich über staatliche Haushaltszuweisungen oder über staatliche Zuweisungen, die von Drittmitteln und anderen Beiträgen (Sponsoren, Universitätseinnahmen aus Weiterbildung usw.) ergänzt werden, getragen werden.

Quelle: Eigene Berechnungen.

ingenieurwissenschaftlichen Studiums decken würde. Einheitliche Gebühren würden daher die Kostenlast nicht gerecht verteilen: Studierende materialintensiver Studiengänge würden einen höheren staatlichen Zuschuss in Anspruch nehmen als Studierende materialarmer Studiengänge. Dies würde wiederum bedeuten, dass der Staat eine Präferenz für materialintensive Studiengänge haben müsste, die ihn dazu veranlasst, materialintensive Studiengänge stärker als materialarme Studiengänge zu subventionieren (Tabelle 11).

Tabelle 11: Hypothetischer Beitrag von Studiengebühren zur Deckung der Kosten der Universitätsausbildung in Deutschland im Studienjahr 1996/97 nach Fächergruppen

Fächergruppe	Kosten pro Absolventin/Absolventen[a] (DM)	Studiengebühr pro Jahr[b]			
		1 000 DM		2 500 DM	
		% der Kosten	Aufkommen Mill. DM	% der Kosten	Aufkommen Mill. DM
Sprach- und Kulturwissenschaften	55 750	9	1 417,0	22	3 542,5
Rechts-, Wirtschafts- und Sozialwissenschaften	43 127	12	2 327,0	29	5 817,5
Mathematik und Naturwissenschaften	201 164[c]	2	851,5	6	2 128,8
Humanmedizin	249 000[d]	2	266,5	5	666,3
Ingenieurwissenschaften	178 640	3	1 137,5	7	2 843,8
Übrige	90 186[e]	6	500,5	14	1 251,3
Aufkommen insgesamt (Mill. DM)	x	x	6 500,0	x	16 250,2
Anteil (%) an den Subventionen für die Universitäten (133 068,9 Mill. DM)	x	x	5	x	12

Fächergruppe	Studiengebühr pro Jahr[b]					
	5 000 DM		7 500 DM		10 000 DM	
	% der Kosten	Aufkommen Mill. DM	% der Kosten	Aufkommen Mill. DM	% der Kosten	Aufkommen Mill. DM
Sprach- und Kulturwissenschaften	45	7 085,0	67	10 627,5	90	14 170,0
Rechts-, Wirtschafts- und Sozialwissenschaften	58	11 635,0	87	17 452,5	116	23 270,0
Mathematik und Naturwissenschaften	12	4 257,5	19	6 386,3	25	8 515,0
Humanmedizin	10	1 332,5	15	1 998,8	20	2 665,0
Ingenieurwissenschaften	14	5 687,5	21	8 531,3	28	11 375,0
Übrige	28	2 502,5	42	3 753,8	55	5 005,0
Aufkommen insgesamt (Mill. DM)	x	32 500,0	x	48 750,2	x	65 000,0
Anteil (%) an den Subventionen für die Universitäten (133 068,9 Mill. DM)	x	24	x	37	x	49

[a]Nach der Rechnung des Wissenschaftsrats (Ausnahme: Humanmedizin); ungewogenes arithmetisches Mittel über 10 Universitäten. — [b]Bei einer Studiendauer von 5 Jahren. — [c]Durchschnitt von Mathematik und Physik. — [d]Nach der Rechnung von Mertens und Haase für den Studiengang Biologie. — [e]Kosten für den Studiengang Psychologie.

Quelle: Eigene Berechnungen.

Bei den obigen Rechnungen ist implizit unterstellt worden, dass das herkömmliche Finanzierungsmodell für die staatlichen Hochschulen (über 90 Prozent Haushaltszuweisungen (Tabelle 9)) durch ein offeneres Modell der Mischfinanzierung ersetzt werden kann, das neben staatlichen Mitteln auch Drittmittel, Spenden und nicht zuletzt Studiengebühren vorsieht.

Die bildungspolitische Relevanz von Kostenschätzungen für das Universitätsstudium liegt nicht so sehr in ihrer absoluten Exaktheit. Vielmehr geht es darum, die Größenordnung des bislang eher versteckten Subventionsanteils des privaten Gutes universitäre Ausbildung transparent zu machen. Unter Verwendung der Schätzungen aus den Tabellen A14 und A15 und unter der Annahme, dass 1,3 Millionen Studierende an Universitäten immatrikuliert sind, ergibt sich – bei Verteilung der Studierenden auf die einzelnen Fachgruppen nach Maßgabe des Wintersemesters 1996/97 – eine Bruttosubvention für alle Studiengänge und Studierenden zwischen 133 und 140 Mrd. DM (Tabelle 12).

Tabelle 12: Geschätzte Bildungssubventionen für den Universitätsbereich in Deutschland für das Studienjahr 1996/97 (Mill. DM)[a]

Fächergruppe	Kostenrechnung nach	
	Wissenschaftsrat[b] (in Preisen von 1994)	Mertens und Haase[c] (in Preisen von 1993)
1. Sprach- und Kulturwissenschaften	15 800	—
2. Rechts-, Wirtschafts- und Sozialwissenschaften	20 071	30 996
3. Mathematik und Naturwissenschaften	34 258	27 645
4. Humanmedizin	—	13 272[e]
5. Ingenieurwissenschaften	40 641	43 453
6. Übrige	9 028	—
Insgesamt	119 792 (133 069)[d]	115 365 (140 192)[f]

[a]Subventionen errechnet als: Anzahl der Studienanfänger in der jeweiligen Fächergruppe im Studienjahr 1996/97 x Kosten je Absolventin/Absolventen 1993 (Mertens und Haase) bzw. 1994 (Wissenschaftsrat). Die Gesamtzahl der Studierenden (1,3 Mill.) teilt sich wie folgt prozentual auf die Fächergruppen 1–6 auf: 21,8 auf (1), 35,8 auf (2), 13,1 auf (3), 4,1 auf (4), 17,5 auf (5) und 7,7 auf (6). — [b]Siehe Tabelle A14. — [c]Siehe Tabelle A15. — [d]Einschließlich Medizin bei Zugrundelegung der Schätzung von Mertens und Haase. — [e]Kosten für das Biologiestudium. — [f]Einschließlich Sprach- und Kulturwissenschaften sowie „Übrige Fächergruppen" bei Zugrundelegung der Schätzung des Wissenschaftsrats. — Nicht verfügbar: —.

Quelle: Eigene Berechnungen mit Daten aus den Tabellen A14 und A15 sowie Statistisches Bundesamt, Online-Datenbank Hochschulstatistik.

In der Öffentlichkeit werden Studiengebühren häufig in Unkenntnis des privaten Charakters eines Universitätsstudiums aus verteilungspolitischen Gründen abgelehnt. Dabei entsteht der Eindruck, dass ein Studium, das den Studierenden zum Nulltarif angeboten wird, auch sonst keine Kosten verursacht. Wie soeben gezeigt wurde, ist der Subventionsanteil der universitären Ausbildung nicht unerheblich; er beträgt mehr als 2,7 Prozent des Bruttoinlandsprodukts. (Zum Vergleich: in Deutschland wurden im Jahr 1997 Subventionen für die Wirtschaft in Höhe von rund 291 Mrd. DM oder mehr als 8 Prozent des Bruttoinlandsprodukts gezahlt (Boss und Rosenschon 1998).) Eine Aufrechterhaltung des bestehenden Finanzierungssystems beinhaltet die Subventionierung des Privatguts Universitätsausbildung mit allgemeinen Steuereinnahmen. Wird das „benefit principle" der Finanzwissenschaft herangezogen, so stellt sich heraus, dass eine Finanzierung der Universitätsausbildung durch die Allgemeinheit nur dann sinnvoll erscheint, wenn die Universitätsausbildung ein reines öffentliches Gut wäre, das nicht nur eine verhältnismäßig kleine gesellschaftliche Gruppe (die Studierenden) zu begünstigen vermag, sondern darüber hinaus messbare positive externe Effekte für die Gesellschaft im Allgemeinen hätte. Da aber die Universitätsausbildung ein privates Gut ist, sind die Nutznießer der universitären Ausbildung selber an den Finanzierungskosten zu beteiligen.

Hinzu kommt, dass die meisten Steuerzahler in Deutschland kein Studium absolviert haben und dass in vielen Fällen auch ihre Kinder kein Studium aufnehmen. Werden die immatrikulierten Studierenden nach dem sozialen Status der Eltern gruppiert, so zeigt sich, dass sie überwiegend aus Familien mit einem überdurchschnittlich hohen Einkommen stammen (Tabellen A16–A19). Nur eine relativ kleine Gruppe der Studierenden erhält ein staatliches Stipendium (Bafög) oder wird von einer Stiftung gefördert (Tabellen A20 und A21); die meisten Studierenden finanzieren ihr Studium vornehmlich mit finanziellen Zuwendungen der Eltern und ergänzen diese Mittel durch eigene Einnahmen aus Erwerbstätigkeit.

Aus diesen Gründen erscheinen die verteilungspolitisch motivierten Einwände gegen die Einführung von Studiengebühren nicht stichhaltig zu sein. Für den größten Teil der Studierenden dürfte die Entrichtung einer Studiengebühr eine zumutbare Belastung darstellen. Die eher kleine Gruppe der Bafög-Berechtigten müsste jedoch in den Genuss von Hilfen zur Deckung der Studiengebühren kommen; möglicherweise müsste der Kreis der Bafög-Empfänger erweitert werden. Eine Reorganisation der Universitätsfinanzierung müsste aber ohnehin von flankierenden Maßnahmen begleitet werden, die auf die Finanzierung des Studiums einzelner Studierender ausgerichtet sind. In diesem Zusammenhang wird eine Reihe von Modellen diskutiert, darunter die Schaffung eines Darlehenssystems, an dem sich private Banken beteiligen, die über eine staatliche Bürgschaft gegen mögliche Ausfälle abgesichert werden. Auch andere Instrumente wären denkbar, zum Beispiel das Bildungssparen (in Analogie zum Bausparen) und Bildungsversicherungen (in Analogie zur Lebensversicherung). Eine Diversifizierung der Finanzierungsinstrumente für einzelne Studierende bzw. deren Familien würde für Familien aller Einkommensgruppen attraktiv sein. Vor allem aber würde hierdurch der Gedanke der Humankapitalbildung, der Bildungsinvestition also, stärker in der Vordergrund treten, der in der Zeit des Nulltarifs seine Bedeutung verloren hat.

Dass es in Deutschland eine Nachfrage nach akademischer Ausbildung bei Aufhebung des Nulltarifs gibt, beweisen die privaten Hochschulen (Tabelle 13), die in der Regel weiterhin staatliche Zuschüsse erhalten, jedoch in geringem Umfang.[37] Diese Hochschulen bieten ihrerseits Stipendien, Darlehen und Freiplätze an, um mit eigenen Mitteln Chancengleichheit herstellen zu können.

Tabelle 13: Finanzierung ausgewählter privater Hochschulen in Deutschland (Stand: Juli 1998)

Hochschule	Studiengebühren (DM/Jahr/ Studierenden)	Private Sponsoren[a]	Staatliche Zuwendungen[b]
Wissenschaftliche Hochschule für Unternehmensführung Koblenz-Vallendar (Otto-Beisheim-Hochschule; gemeinnützige Stiftung)	12 000	Ja	Nein
Privatuniversität Witten/Herdecke	5 940	Ja	Ja
European Business School Oestrich-Winkel, Schloß Reichartshausen	15 700	Ja	Ja
EAP Berlin	9 000	Ja	Ja
Handelshochschule Leipzig / Leipzig Graduate School of Management (gemeinnützige GmbH)	12 000 (Dipl.; Dr.)	Ja	Ja
International University Bruchsal GmbH	18 000	Ja	Ja
Northern Institute of Technology Hamburg-Harburg	40 000	Ja	Ja
International University Bremen	12 000 bis 15 000	Ja	Ja
Gerd Bucerius International Law School Hamburg	15 000	Ja	k.A.

[a]Finanzielle Zuwendungen von Unternehmen und Stiftungen. — [b]Zuwendungen in Form von Haushaltsmitteln und/oder einer Mitbenutzung der Einrichtungen nahegelegener staatlicher Hochschulen.

Quelle: Wirtschaftswoche, Nr. 31, 23. Juli 1998; eigene Internetrecherchen.

37 Auch in den Vereinigten Staaten finanzieren sich die privaten Hochschulen zum Teil aus staatlichen Quellen. Umgekehrt spielen auch bei den staatlichen Hochschulen private Mittel eine Rolle.

3.3.6 Berufliche Weiterbildung

Im Zusammenhang mit den Ausführungen zur Rolle des Faktors Zeit im Bildungssystem wurde die herkömmliche Verteilung der Lernphasen im aktiven Lebensabschnitt der meisten Menschen als zu „junglastig" kritisiert. Die Anhäufung der Lernintensität in den ersten 18 bis 30 Jahren ist ein Relikt aus einer Zeit, in der die demographische Entwicklung konstante oder zunehmende Anteile Junger hervorbrachte. In einer alternden Gesellschaft stellt sich bei Beibehaltung des überkommenen Lernmodells das Problem, dass die Qualifikationsunterschiede zwischen Jung und Alt immer größer werden. Daher besteht in einer alternden Gesellschaft die Notwendigkeit, die Qualifikationslücke zwischen Jung und Alt mit Hilfe von Weiterbildungsmaßnahmen zu schließen. Im Grunde genommen geht es um eine Umverteilung der Lernphasen, mit dem Ziel, die reine Bildungszeit in den ersten Jahren zu verkürzen und das Arbeitsleben der Erwachsenen für mehrere Lernphasen zu unterbrechen (Abbildung 6).

Abbildung 6: Das Modell des lebenslangen Lernens

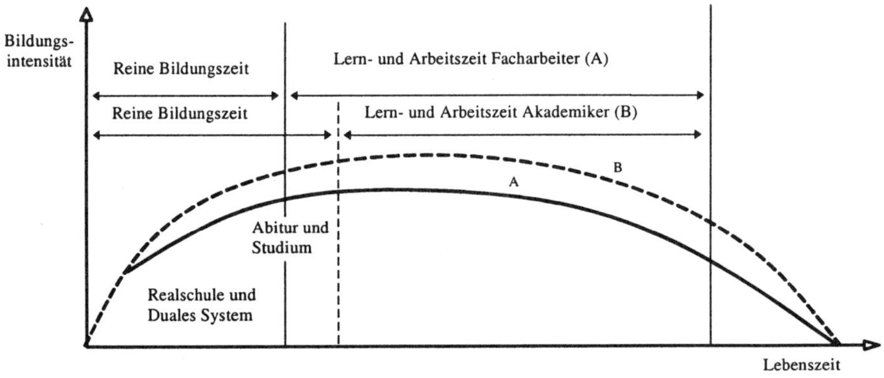

Das gesamte Bildungssystem müsste zugunsten der Weiterbildung umstrukturiert werden. Die vorhandenen Bildungseinrichtungen (allgemein bildende und berufliche Schulen, Hochschulen, private und öffentliche Einrichtungen) könnten so besser ausgelastet werden. Der verringerte Zustrom junger Menschen könnte graduell durch die Teilnahme der Erwachsenen an Weiterbildungskursen zur Aktualisierung ihres Wissens (allgemeines und berufsspezifisches Wissen) kompensiert werden. Das Angebot des Bildungssystems könnte rein quantitativ aufrechterhalten werden, müsste jedoch inhaltlich an die Anforderungen der Weiterbildung von Erwachsenen angepasst werden. Der Strukturwandel auf der Angebotsseite des Bildungssystems müsste darüber hinaus von einer Anpassung bei der Ausbildung von Schul- und Hochschullehrern begleitet werden.

Der zunehmende Bedarf an beruflicher Weiterbildung ist in Deutschland inzwischen zum Gegenstand von öffentlichen Diskussionen im Vorfeld von Tarifverhandlungen geworden. So ist von gewerkschaftlicher Seite aus bereits der Wunsch geäußert worden, die betriebliche Weiterbildung zu einem zentralen Thema der Lohn- und Gehaltsrunde 2002 werden zu lassen, in der ein tariflicher Anspruch auf Weiterbildung festgeschrieben werden soll (*Handelsblatt* vom 13. Februar 2001). Die Kosten der Weiterbildung sollen dabei in voller Höhe von den Betrieben getragen werden. Die Arbeitgeber haben hierauf mit dem Gegenvorschlag reagiert, die Kosten der Weiterbildung gleichmäßig auf Arbeitnehmer und Arbeitgeber zu verteilen, da der Nutzen der Weiterbildung beiden Parteien zufließe. Aus ökonomischer Sicht stellt sich der Sachverhalt jedoch etwas anders dar. Grundsätzlich ist es Aufgabe der Arbeitnehmer, ihre Produktivität mit Hilfe von Weiterbildungsmaßnahmen aufrechtzuerhalten oder gegebenenfalls zu erhöhen. Hierfür sollte jeder Arbeitnehmer im Laufe seines Arbeitslebens in ausreichendem Maße Ersparnisse bilden, die in die Weiterbildung investiert werden. Und dies nicht nur deshalb, weil qualifizierte Arbeitnehmer in der Regel ein geringeres Arbeitslosigkeitsrisiko als andere eingehen – in Zeiten von Massenarbeitslosigkeit ein nicht zu unterschätzendes Vermögen. Laufend weitergebildete Arbeitnehmer haben die Möglichkeit, ihre Beschäftigungssituation auch noch dadurch zu stabilisieren, dass sie ihre Produktivität erhöhen, um höherwertige Tätigkeiten (bei höherem Einkommen) im eigenen oder in einem fremden Unternehmen ausüben zu können. Dabei vergrößert der Arbeitnehmer gleichzeitig seine Chancen, von der beruflichen und regionalen Mobilität Nutzen zu ziehen. Die Weiterbildung wirft also für den Arbeitnehmer gleich mehrere Erträge ab.

Für den Arbeitgeber ist zunächst die Arbeitsproduktivität entscheidend. Wird der Arbeitnehmer gemäß seiner Grenzproduktivität entlohnt, hat der Arbeitgeber seine Finanzierungspflicht grundsätzlich erfüllt. Eine darüber hinausgehende Beteiligung der Arbeitgeber an der Finanzierung der Weiterbildung läge nur dann im Interesse des Arbeitgebers, wenn dieser auf das im Rahmen der Weiterbildung vermittelte Wissen Einfluss nehmen und dabei sicherstellen könnte, dass es sich um unternehmensspezifisches Wissen handelt, das die Arbeitnehmer überwiegend in seinem Unternehmen verwerten können. Der Arbeitgeber hätte nämlich wenig Interesse, Weiterbildungsinhalte zu finanzieren, die den Arbeitnehmer in die Lage versetzten, sich auf gleich- oder höherwertige Tätigkeiten bei anderen Unternehmen zu bewerben. Daher stellt sich in einer Gesellschaft, in der Arbeitnehmer das Recht auf freie Arbeitsplatzwahl haben, nicht notwendigerweise die Frage nach einem tariflichen Anspruch auf Weiterbildung. Vielmehr stellt sich die Frage nach einem Recht auf freie Wahl der Weiterbildungsinhalte, das im Übrigen nicht unabhängig von dem Recht auf freie Arbeitsplatzwahl ist. Wünscht der sozialversicherungspflichtig beschäftigte Arbeitnehmer beide Rechte uneingeschränkt auszuüben, muss er prinzipiell selbst dazu bereit sein, für die Finanzierung der Weiterbildung aufzukommen, vor allem, wenn es sich dabei um Inhalte handelt, die nicht unternehmensspezifisch sind. Allerdings müsste die Gruppe der Langzeitarbeitslosen von dem Gebot der Eigenfinanzierung ausgenommen werden. Ihnen sollten bei der Wiederherstellung ihrer Produktivität im Rahmen der aktiven Arbeitsmarktpolitik Weiterbildungshilfen angeboten werden.

4 Makro- und mikroökonomische Aspekte der Bildungspolitik

4.1 Internationale Vergleiche von Bildungsergebnissen

Internationale Vergleiche von Bildungsergebnissen[38] sind erst in neuerer Zeit möglich geworden. Um aussagefähig zu sein, müssen sie auf umfangreichen Datensammlungen basieren, die unter dem Aspekt der internationalen Vergleichbarkeit erhoben worden sind. Dies gestaltet sich außerordentlich schwierig im Bereich der beruflichen Bildung ebenso wie im Tertiärbereich. Die meisten Erfahrungen sind bislang bei der komparativen Analyse von Schülerleistungen im Bereich der allgemeinen Bildung gesammelt worden.

Nachdem 1964 bzw. 1980 bis 1982 (Mathematik) und 1971 bzw. 1983/84 (Naturwissenschaften) die erste und zweite internationale Studie zur Leistungsfähigkeit von Schülern in Mathematik und den Naturwissenschaften durchgeführt worden sind, fanden die jüngsten Untersuchungen in den Jahren 1992–1995 (8. Jahrgangsstufe) und 1994–1996 (12. Jahrgangsstufe) statt. Die Arbeit zur 8. Jahrgangsstufe, deren Teilergebnisse bereits vorliegen (Baumert et al. 1997), umfasst Teilstudien zu den Curricula, den Leistungstests, dem Unterricht im Klassenzimmer (Videoaufnahmen) und einzelne Länderstudien (Deutschland, Japan, Vereinigte Staaten); die Leistungstests wurden 1994 und 1995 durchgeführt. An der Untersuchung nahmen erstmals 45 Länder teil; in Deutschland haben sich 7 000 Schüler der 7. und 8. Jahrgangsstufe aller Schulformen aus 15 Bundesländern an der Studie beteiligt. Für die Sekundarstufe II liegen ebenfalls erste Resultate vor (Baumert et al. 1998).

In Tabelle 14 sind die Ergebnisse der internationalen Leistungstests für beide Fächer enthalten. Die Ergebnisse wurden anhand des einparametrischen Rasch-Modells skaliert.[39] Die Wertskala ist so zu interpretieren, dass unter der Annahme normalverteilter Werte der internationale Mittelwert über die Klassen 7 und 8 bei 500 liegt; die Standardabweichung beträgt 100. Dementsprechend sind die Fachleistungen von zwei Dritteln aller Teilnehmer im Bereich zwischen 400 und 600 anzutreffen. Abbildung 7 zeigt die Ergebnisse für Deutschland, aufgegliedert nach einzelnen Schulformen (vgl. auch Tabelle A22).

---

38 Bildungsergebnisse stellen sich in Form von Leistungen der Schüler, Auszubildenden, Studierenden und Weiterbildungsteilnehmern dar.

39 Vgl. die ausführliche Darstellung von Baumert et al. (1977: 63ff.).

Tabelle 14: Schülerleistungen in den Fächern Mathematik und Naturwissenschaften am Ende der 8. Klasse nach Ländern (Index) (1994/95)

Land	Mathematik	Land	Naturwissenschaften
Singapur	643	Singapur	607
Korea	607	Tschechische Republik	574
Japan	605	Japan	571
Schweiz (deutschsprachig)	590	Schweden	570
Hongkong	588	Korea	565
Belgien (Fl.)	565	Schweiz (deutschsprachig)	565
Tschechische Republik	564	Bulgarien	565
Schweden	554	Niederlande	560
Slowakische Republik	547	Slowenien	560
Schweiz (insgesamt)	545	Österreich	558
Dänemark	542	Ungarn	554
Niederlande	541	England	552
Slowenien	541	Belgien (Fl.)	550
Bulgarien	540	Australien	545
Österreich	539	Slowakische Republik	544
Frankreich	538	Russische Föderation	538
Ungarn	537	Irland	538
Russische Föderation	535	Vereinigte Staaten	534
Australien	530	Kanada	531
Irland	527	*Deutschland*	*531*
Kanada	527	Thailand	525
Belgien (Fr.)	526	Neuseeland	525
Thailand	522	Israel	524
Israel	522	Dänemark	523
Deutschland	*509*	Hongkong	522
Neuseeland	508	Schweiz (insgesamt)	522
England	506	Schottland	517
Vereinigte Staaten	500	Spanien	517
Schottland	498	Frankreich	498
Lettland	493	Griechenland	497
Spanien	487	Island	494
Island	487	Rumänien	486
Griechenland	484	Lettland (LSS)	485
Rumänien	482	Portugal	480
Litauen	477	Litauen	476
Zypern	474	Belgien (Fr.)	471
Portugal	454	Iran, Islamische Republik	470
Iran, Islamische Republik	428	Zypern	463
Kuwait	392	Kuwait	430
Kolumbien	385	Kolumbien	411
Südafrika	354	Südafrika	326

Quelle: Baumert et al. (1997: Tabellen C2 und C3).

Abbildung 7: Schulleistungen am Ende der 8. Klasse in Mathematik und den Naturwissenschaften in Deutschland (1994/95)

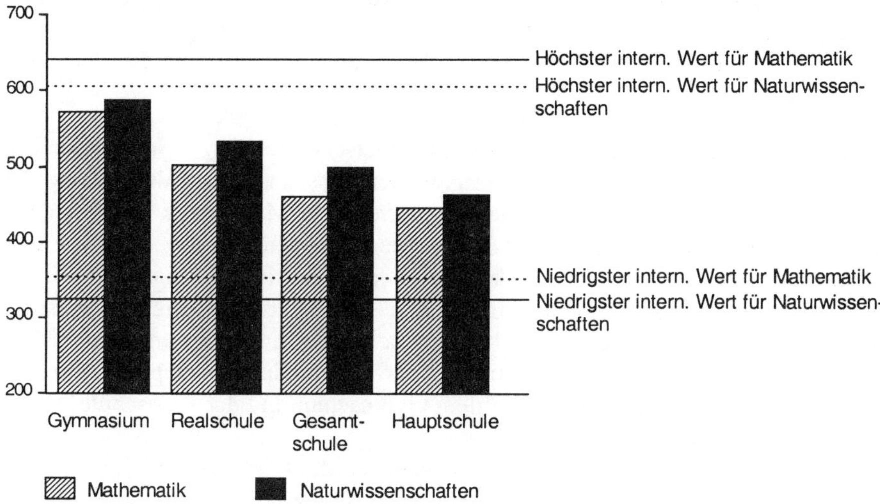

Quelle: Tabelle A22.

Die durchschnittlichen Leistungen deutscher Schüler nehmen im internationalen Vergleich einen mittleren Platz ein. In Mathematik befindet sich Deutschland in einer Gruppe zusammen mit Ländern wie Thailand, Israel und Lettland und in den Naturwissenschaften zusammen mit Ländern wie Thailand, Israel und Spanien; die ebenfalls gegebene Nähe zu den angelsächsischen Ländern zeigt nur, dass letztere auch nicht zur Spitzengruppe zählen. Hingegen schneiden die deutschsprachige Schweiz, Österreich und die Niederlande in beiden Fächern sehr viel besser als Deutschland ab; der Leistungsvorsprung gegenüber den deutschen Schülern beträgt mindestens ein Schuljahr. Etwa 20 Prozent der deutschen Hauptschüler, die sich am Ende der 8. Klasse befinden, weisen mathematische und naturwissenschaftliche Fähigkeiten auf, die „im wesentlichen auf einem erweiterten Grundschulniveau liegen" (Baumert et al. 1997: 22).

Wie zu erwarten war, wurden die niedrigsten Leistungen von Hauptschülern erbracht; die der Gesamtschüler waren nur wenig besser in Mathematik und etwas besser in den Naturwissenschaften. Allerdings blieben die Gesamtschüler stets unter den Ergebnissen der Realschüler. Letztere spiegeln die durchschnittlichen Ergebnisse für ganz Deutschland wider. Das heißt: Die Leistungsfähigkeit in Mathematik

- von ca. 70 Prozent der Teilnehmer aller Länder ist höher als die deutscher Hauptschüler,
- von ca. 50 Prozent der Teilnehmer aller Länder ist höher als die deutscher Realschüler und
- von ca. 24 Prozent der Teilnehmer aller Länder ist höher als die deutscher Gymnasiasten.

In den Naturwissenschaften schneiden deutsche Schüler etwas besser ab, wenngleich die erwähnte Leistungsstruktur der Schulformen erhalten bleibt. Im internationalen Vergleich liegen die Hauptschüler in Mathematik um fast zwei Standardabweichungen hinter dem Spitzenwert (Singapur) und weniger als eine Standardabweichung über dem niedrigsten Wert (Südafrika); Realschüler werden um fast 1,5 Standardabweichungen vom höchsten Wert übertroffen. Interessant ist außerdem die Spannweite zwischen den deutschen Schulformen: Gymnasiasten übertreffen die Hauptschüler um mehr als 1,2 Standardabweichungen in beiden Fächern. Der Abstand zwischen dem Gymnasium und der Realschule ist bei den Naturwissenschaften am kleinsten.

Die Defizite sollen der Studie von Baumert et al. (1997: 22) zufolge „im Bereich konzeptuellen Verständnisses und im Verständnis naturwissenschaftlicher Arbeitsweisen" auftreten. Wenngleich Daten über die Leistungsunterschiede, die zwischen den Schülern einzelner Bundesländer bestehen, nicht veröffentlicht worden sind, wird in der Studie darauf hingewiesen, dass sie bis zu 1,5 Schuljahren betragen sollen. Auch innerhalb derselben Schulform sind interregionale Divergenzen festzustellen, mit Ausnahme der Gymnasien, die bezüglich ihrer Leistungen als verhältnismäßig stabil eingestuft werden.

Die obige Analyse der TIMSS-Ergebnisse gibt Anlass zu der Vermutung, dass Deutschland hinter seine wichtigsten Handelspartner zurückfallen könnte, sofern die Defizite im mathematischen und naturwissenschaftlichen Schulunterricht nicht behoben werden. Darüber hinaus ist zu befürchten, dass sich die Schwächen in der Leistungsfähigkeit von Schülern in Fächern, die die Grundlagen der Informationsgesellschaft ausmachen, auf die nachgelagerten Abschnitte des Bildungssystems übertragen.[40]

In letzter Zeit sind vielfach Klagen der deutschen Wirtschaft über die mangelnde Berufsreife von Schulabgängern zu hören (z.B. IHK Nürnberg 1997), die unter anderem Gegenstand der Konferenz der Wirtschaftsminister der Länder am 14./15. Mai 1998 (Punkt 24 der Tagesordnung: Verbesserung der Ausbildungsreife) sowie der „Gemeinsamen Eckpunkte zum Thema Verbesserung der Aus-

---

40 Anhaltspunkte für derartige Befürchtungen liefert die amtliche Statistik: Die Anzahl der Studienanfänger in den Studienrichtungen Ingenieurwissenschaften, Mathematik und Naturwissenschaften ist seit Anfang der 90er Jahre stark rückläufig. Vgl. Statistisches Bundesamt (1997c).

bildungsfähigkeit" der Kultus- und Wirtschaftsministerkonferenz vom 22. September 1999 waren. Die Klagen können auf mehrere Ursachen zurückgeführt werden. Sie können eine Folge der Schülerleistungen sein, sofern die Unternehmen genau die Leistungsinhalte nachfragen, in denen gewisse Schwächen zu beobachten sind. Sie können aber auch darin begründet sein, dass sich die Anforderungen der Unternehmen im Zuge des Strukturwandels und der Globalisierung zu stark von den herkömmlichen Leistungsanforderungen der Schulen entfernt haben. Wahrscheinlich haben beide Faktoren eine Rolle gespielt. So kommt eine Betriebsbefragung des Instituts der deutschen Wirtschaft (1997) zum Ergebnis, dass bei der Beurteilung eingehender Bewerbungen die Unternehmen vor allem auf die Beherrschung der Grundrechenarten großen Wert legen. Dies gilt für beide Bereiche, für den gewerblich-technisch/naturwissenschaftlichen ebenso wie für den kaufmännischen Bereich. An zweiter Stelle sind im kaufmännischen Bereich der Schulabschluss bzw. die Schulform von Bedeutung, während im zweiten Bereich die Durchschnittsnote wichtig ist. Große Unterschiede zwischen beiden Bereichen sind bei der schriftlichen und mündlichen Ausdrucksfähigkeit sowie der Rechtschreibung festzustellen. Im kaufmännischen Bereich belegen diese den dritten und vierten Platz, während sie im gewerblich-technisch/naturwissenschaftlichen Bereich erst den achten und neunten Platz im Ranking der Beurteilungskriterien einnehmen. Angesichts der Anforderungsprofile der Betriebe, insbesondere des hohen Stellenwerts, den die Beherrschung der Grundrechenarten bei diesen hat, ergibt sich die Vermutung, dass sich die Zweifel der Betriebe an der Berufsreife von Schulabgängern zum Teil mit den Ergebnissen der TIMSS-Studie bezüglich der Schwächen von Schulabgängern der Haupt- und Realschulen in mathematisch-naturwissenschaftlichen Fächern decken.

Die Defizite, die in der TIMSS-Studie zur 8. Jahrgangsstufe identifiziert wurden, sind am stärksten in den Schulformen Realschule, Gesamtschule und Hauptschule zu verzeichnen. Nicht die Curricula scheinen den Defiziten zugrunde zu liegen, sondern die Art und Weise, wie der Unterrichtsstoff vermittelt wird. Die Mängel im konzeptuellen Verständnis und im Verständnis der naturwissenschaftlichen Arbeitsweise könnten durch eine entsprechende Anpassung des Unterrichts überwunden werden. Viel schwerer jedoch dürfte es sein, die Streuung der Leistungen zwischen einzelnen Schulformen und die interregionalen Leistungsunterschiede zu verringern.

Die jüngste Studie – TIMSS/III – befasst sich mit den Leistungen von Schülern der Sekundarstufe II in der mathematisch-naturwissenschaftlichen Grundbildung und im voruniversitären Mathematik- und Physikunterricht. Ähnlich wie die Studie zur 8. Jahrgangsstufe kommt die Studie zur Sekundarstufe II zu dem Ergebnis, dass die Testleistung deutscher Schüler in der Gruppe der Industriestaaten im unteren Bereich anzusiedeln ist, dass die „potentiell leistungsstärksten deutschen Schüler im Vergleich mit Spitzenschülern europäischer

Nachbarländer nicht bestehen" können und dass „das sich abzeichnende kumulative Defizit in der mathematisch-naturwissenschaftlichen Grundbildung ... nicht nur auf das berufliche Bildungswesen beschränkt, sondern auch Kennzeichen der gymnasialen Oberstufe" ist (Baumert et al. 1998: 52). Mit anderen Worten: Die Leistungsmängel können nicht nur auf die Mittelschule oder die Berufsschulen bezogen werden. Dem gesamten deutschen Bildungssystem fehlen verbindliche Leistungsstandards und die Instrumente, um solche Standards umzusetzen. Zudem wird Leistung innerhalb Deutschlands unterschiedlich bewertet: „In (Bundes-) Ländern mit höherem Leistungsniveau im Mathematikunterricht wird strenger bewertet" (Baumert et al. 1998: 121).

4.2 Die Rolle von Bildungsausgaben

Wenngleich die Ergebnisse der TIMSS-Studien auf eine Reihe von Einflussgrößen zurückgeführt werden, für die es in der vergleichenden Bildungsforschung erziehungswissenschaftlicher Prägung Erklärungsansätze gibt, interessieren aus ökonomischer Sicht zum Teil andere Faktoren und Zusammenhänge. Häufig genug wird in der Öffentlichkeit – allerdings auch in der erziehungswissenschaftlichen Diskussion – den Bildungsausgaben eine Hauptrolle bei der Bestimmung der Ergebnisse eines Bildungssystems zugeschrieben. Es wird die Behauptung aufgestellt, dass sich internationale Unterschiede in den Bildungsausgaben in der Qualität des jeweiligen Bildungssystems widerspiegeln müssten: Bezogen auf die TIMSS-Studien müssten demnach hohe Ausgaben mit sehr guten Schülerleistungen korrelieren.

Dass diese Hypothese offenbar keine Allgemeingültigkeit besitzt, kann Tabelle 15 entnommen werden. Hier werden für eine Stichprobe von 21 TIMSS-Ländern verschiedene Maße für Bildungsausgaben (Ausgaben für Bildung je Schüler/Studierenden; der Anteil der Bildungsausgaben am Bruttoinlandsprodukt; der Anteil der Bildungsausgaben je Schüler/Studierenden am Pro-Kopf-Einkommen) auf die Schülerleistungen im Rahmen einer Länderquerschnittsanalyse regressiert. In keinem Fall sind die zugehörigen Koeffizienten signifikant; das korrigierte Bestimmtheitsmaß liegt bei null.[41] Auch bei einer Berücksichtigung des Pro-Kopf-Einkommens, das sich auf das Bestimmtheitsmaß deutlich auswirkt, bleibt die Insignifikanz der Schülerleistungen bestehen. Letzteres Er-

---

41 Dieser Befund bestätigt die Ergebnisse anderer Studien, die ebenfalls keinen Zusammenhang zwischen Ausgaben und Leistung feststellen können (Hanushek und Rivkin 1994; Hanushek et al. 1996; Hanushek und Kim 1996; Hanushek 1996).

Tabelle 15: Bildungsausgaben, Pro-Kopf-Einkommen und Schülerleistungen in Mathematik und Naturwissenschaften in den OECD-Ländern der 90er Jahre

Abhängige Variable	Pro-Kopf-Einkommen[d]	Schülerleistungen[e]		$\bar{R}^2$
		Mathematik	Naturwissenschaften	
Ausgaben für Bildung je Schüler/Studierenden[a]	—	0,1434 (0,0633)	–0,0087 (–0,0026)	–0,11
	—	0,1394 (0,0840)	—	–0,05
	—	—	0,1285 (0,0533)	–0,05
	1,1776 (8,8961)	–0,2180 (–0,2222)	2,3171 (1,6000)	0,79
Anteil der Bildungsausgaben am BIP[b]	—	0,8052 (0,7371)	0,6527 (0,4113)	–0,00
	—	1,1013 (1,3707)	—	0,04
	—	—	1,4234 (1,2072)	0,02
	0,1405 (0,9499)	0,7621 (0,6952)	0,9301 (0,5750)	–0,01
Anteil der Bildungsausgaben je Schüler/Studierenden am Pro-Kopf-Einkommen[c]	—	–0,1633 (–0,1630)	1,9600 (1,3466)	0,04
	—	1,1013 (1,3707)	—	0,04
	—	—	1,4234 (1,2072)	0,02
	0,1778 (1,3434)	–0,2179 (–0,2220)	2,3112 (1,5963)	0,08

[a]Bildungsausgaben je Schüler/Studierenden 1995 in US-Dollar zu internationalen Preisen. — [b]Bildungsausgaben als prozentualen Anteil am BIP 1995. — [c]Bildungsausgaben je Schüler/Studierenden als prozentualer Anteil am Pro-Kopf-Einkommen 1995. — [d]Schülerleistungen in Mathematik und Naturwissenschaften nach den Ergebnissen der TIMSS-Studie für die 8. Jahrgangsstufe. — Schätzgleichung: $\ln y = a + b \ln x_1 + c \ln x_2 + d \ln x_3 + e$ für N = 21 Länder; Methode der kleinsten Quadrate; t-Werte in Klammern.

Quelle: Eigene Berechnungen mit Daten aus OECD (1997a) und Baumert et al. (1997).

gebnis verdeutlicht, was bereits aus Tabelle A23 und den Abbildungen 8 und 9 ersichtlich ist: es gibt keinen (ökonometrischen) Zusammenhang zwischen den Schülerleistungen und dem Pro-Kopf-Einkommen.

Abbildung 8: Der Zusammenhang zwischen den Schülerleistungen in Mathematik und dem Pro-Kopf-Einkommen

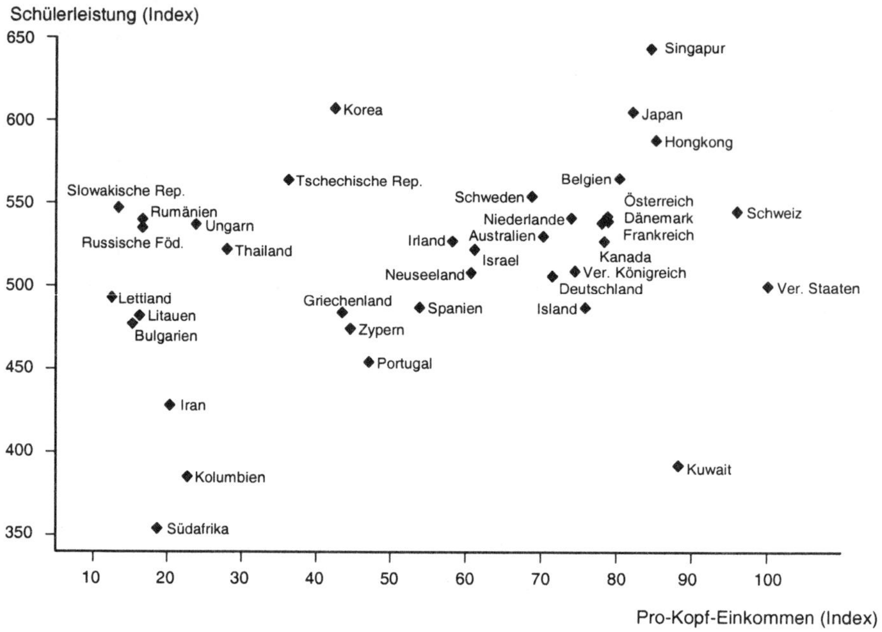

Das heißt, je höher die Bildungsbeteiligung ist, umso höher sind die Bildungsausgaben je Schüler/Studierenden. Allerdings wird dieses Ergebnis durch ein weiteres in seiner Aussagekraft etwas eingeschränkt: In einer Stichprobe von nur 16 Ländern (aufgrund der Datenverfügbarkeit) besteht überhaupt kein Zusammenhang zwischen den erwähnten Maßen für die Bildungsausgaben und der Anzahl der Schüler/Studierenden bzw. der Anzahl der Lehrer/Hochschullehrer (Tabelle A24).

Wird hingegen der quantitative Aufwand für Bildung mit anderen Indikatoren gemessen, ergibt sich eine weiterhin hohe Korrelation zwischen Bildungsausgaben und Aufwand. So führen Regressionen der Bildungsausgaben auf die Lehrereinkommen (sowohl absolut als auch per Schüler) zu signifikanten Ergebnissen, wenngleich sich diese auf eine sehr kleine Stichprobe von nur noch 10 Ländern beziehen (Tabelle A25). Die Verwendung der Anzahl der Unterrichtsstunden je Schüler als Indikator für den Aufwand führt ebenfalls zu einem signifikanten Resultat (Tabelle A25).

Die vorgestellten Schätzungen deuten darauf hin, dass Bildungsausgaben dazu tendieren, vor allem mit Aufwandsindikatoren zu korrelieren. Die Höhe der Leh-

Abbildung 9: Der Zusammenhang zwischen den Schülerleistungen in Naturwissenschaften und dem Pro-Kopf-Einkommen

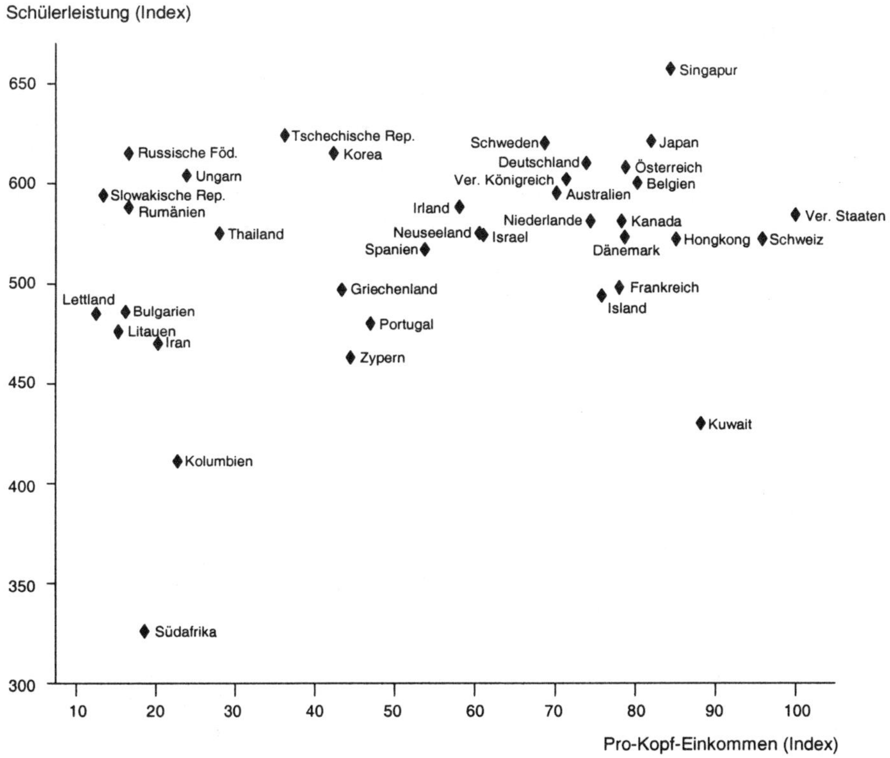

rergehälter, die Anzahl der Unterrichtsstunden und der Umfang der Bildungsbeteiligung sind die Variablen, die mit der Höhe der Bildungsausgaben je Schüler/Studierenden verbunden zu sein scheinen. Auf die Ergebnisse des Bildungssystems in Gestalt der Schülerleistungen etwa haben – den Schätzungen zufolge – die Bildungsausgaben ebenso wenig Einfluss wie das Pro-Kopf-Einkommen. Dass heißt, dass eine klare Aussage über die Effizienz von Bildungsausgaben bzw. Bildungssystemen zumindest auf der Basis der verfügbaren Datenbasis nicht getroffen werden kann. Die bildungspolitisch plausible (obgleich hypothetische) Frage, was kostet der erste Platz im Ranking der TIMSS-Studien, muss daher unbeantwortet bleiben.

4.3 Der Zusammenhang zwischen Bildung und Wachstum

4.3.1 Vorbemerkung

Die Wirkung von Humankapital auf Wachstum und Produktivität wird mit Hilfe der Methode untersucht, die in Übersicht 2 dargestellt ist. Dazu ist eine umfassende Bildungsdatenbank notwendig. Hier wurde auf die Datenbank, die Robert J. Barro und Jong-Wha Lee, Harvard University, erstellt haben, zurückgegriffen, die unter verschiedenen Internetadressen erhältlich ist (World Bank 1997). Diese Daten stammen ursprünglich aus nationalen und internationalen (UNESCO) Quellen, sind jedoch revidiert und durch eigene Schätzungen der Autoren ergänzt worden. Die Pro-Kopf-Einkommen für die Berechnung der Wachstumsraten wurden der Summers-Heston-Datenbank international vergleichbarer Bruttoinlandsprodukte entnommen, die ebenfalls über das Internet zugänglich ist (NBER 1997).

4.3.2 Die Analyse

Die neuere Wachstumsanalyse geht davon aus, dass Bildung einen entscheidenden Beitrag zur langfristigen wirtschaftlichen Entwicklung leistet.[42] Der Konsens, der sich bislang in der empirischen Literatur (Barro 1991; Mankiw et al. 1992; Barro und Sala-i-Martin 1995; Sala-i-Martin 1997) herausgebildet hat, ist, dass sich die Unterschiede in den Wachstumsraten einer größeren Gruppe von Ländern am besten erklären lassen, wenn neben den traditionellen Einflussgrößen auch Bildungsvariable in die Schätzgleichung aufgenommen werden. Für die in dieser Arbeit verwendete Stichprobe von 92 Ländern, für die Daten für den Zeitraum 1960–1990 vorliegen, ergibt eine Regression der Wachstumsraten des Pro-Kopf-Einkommens auf das Pro-Kopf-Einkommen zu Beginn der einzelnen Dekaden mit der Methode der kleinsten Quadrate einen verhältnismäßig schwachen (positiven) Zusammenhang (Tabelle A26). Der Gesamtzeitraum 1960–90 wurde dabei in drei Dekaden unterteilt (1960–70, 1970–80 und 1980–90), weshalb insgesamt 276 Beobachtungen (92 x 3) in die Rechnungen eingegangen sind. Mit Hilfe einer Dummyvariablen für die OECD-Länder gelingt es zwar, das Bestimmtheitsmaß zu verdoppeln. Dies ist jedoch ein Zeichen dafür, dass sich das

42 Anderer Meinung sind Autoren wie Pritchett (1996), die den Standpunkt vertreten, dass Bildung kaum Wachstumswirkungen hat. Allerdings bezieht sich die Kritik Pritchetts auf Analysen, die das Niveau des Pro-Kopf-Einkommens (und nicht die Wachstumsrate des Pro-Kopf-Einkommens) auf Bildungsvariable regressieren.

Übersicht 2: Der empirische Ansatz der makroökonomischen Humankapitaltheorie

Bei der empirischen Überprüfung von Hypothesen, die von der makroökonomischen Wachstums- bzw. Humankapitaltheorie abgeleitet werden, hat es zwei parallele Entwicklungen gegeben. Einerseits ist es Ökonomen wie Robert J. Barro[a] gelungen, eine ganze Reihe von Variablen in die Wachstumsgleichung aufzunehmen, die verschiedene Aspekte der Bildung erfassen. Andererseits haben Autoren wie Gregory Mankiw et al.[b] den Versuch unternommen, ausschließlich theoretisch begründete Humankapitalvariable durch Erweiterung der neoklassischen Theorie Robert Solows (1956) in die Wachstumsgleichung aufzunehmen. Während Barro dabei für viele seiner Untersuchungen den Rahmen einer kombinierten Länderquerschnitts- und Zeitreihenanalyse gewählt hat, schlägt Mankiw den Weg einer reinen Länderquerschnittsanalyse ein. Dieser Arbeit liegt eine Synthese der Vorgehensweisen von Barro und Mankiw zugrunde: Der theoretisch begründete Ansatz von Mankiw wird mit Hilfe einer kombinierten Länderquerschnitts- und Zeitreihenanalyse (der Barro-Methode also) überprüft. Darüber hinaus werden – ähnlich wie bei Barro – die Auswirkungen des Humankapitals auf das langfristige Konvergenzpotential abgeschätzt.
Die dafür verwendete Schätzgleichung ist:

$$(1/T)\ln(y_{i,t+1}/y_{it}) = a + (1/T)b\ln(s_{it}) - (1/T)c\ln(n_{it} + g + \partial) + d\ln y_{it_0} + (1/T)f\ln(h_{it}) + u_{it}$$

mit $d = 1 - e^{-\beta T}$.

y_{it}	Pro-Kopf-Einkommen des Landes i zum Zeitpunkt t
s_{it}	Anteil der Bruttoinvestitionen am Bruttoinlandsprodukt in Land i zum Zeitpunkt t
n_{it}	Wachstumsrate der Bevölkerung in Land i zum Zeitpunkt t
g	Rate des technischen Fortschritts
∂	Abschreibungsrate des gesamten Kapitals
y_{it_0}	Ausgangseinkommen des Landes i zu Beginn einer Dekade
h_{it}	Humankapital in Land i zum Zeitpunkt t
β	Konvergenzrate
T	Länge des Zeitraums
u_{it}	Störvariable mit Mittelwert gleich null und konstanter Varianz (über alle i, t)
i	Länderindex
t	Zeitindex
a, b, c, d, f	Koeffizienten

Die obige Gleichung stellt den Zusammenhang zwischen der Wachstumsrate des Pro-Kopf-Einkommens einerseits und den klassischen Wachstumsdeterminanten (Bevölkerung, Investitionsquote, Ausgangseinkommen) und den Humankapitalvariablen andererseits her.

[a]Vgl. unter anderem Barro (1991) und Barro und Sala-i-Martin (1995). — [b]Vgl. den vielzitierten Beitrag von Mankiw et al. (1992).

Wachstumsmuster der OECD-Länder von dem Wachstumsmuster der übrigen Stichprobe deutlich unterscheidet, und nicht für eine generelle Verbesserung des Schätzergebnisses für alle Länder. Eine Bestätigung der Sonderrolle, die die OECD-Staaten zu spielen scheinen, findet sich in einer Schätzung, die allein für die 23 OECD-Länder durchgeführt wurde (Tabelle A26); auf diese Sonderrolle hatten bereits Mankiw et al. (1992) hingewiesen.

Eine Schätzung der vollständigen Wachstumsgleichung aus der Übersicht 2 müsste zusätzlich zum Ausgangseinkommen die Investitionsquote, das Bevölkerungswachstum und Bildungsvariable enthalten. Dies führt zu einer Erhöhung des korrigierten Bestimmtheitsmaßes (gegenüber der Schätzung ohne zusätzliche Variablen) und zu Konvergenzraten von etwa 2 Prozent pro Jahr (Tabelle 16). Letztere bringen zum Ausdruck, dass sich die Länder der Stichprobe im Mittel mit einer Geschwindigkeit von etwa 2 Prozent pro Jahr ihrem jeweiligen langfristigen Gleichgewichts-Pro-Kopf-Einkommen nähern. Alle Variablen sind signifikant. Die Wachstumswirkungen der Bildung werden mit Hilfe von drei Bildungsvariablen bestimmt, die für die Primarschul-, Sekundarschul- und tertiäre Ausbildung stehen.

Jede Bildungsvariable wird mit zwei verschiedenen Maßzahlen gemessen. Die Primarschulvariable beispielsweise zeigt zum einen den Anteil der Bevölkerung über 25 Jahre, die einen Primarschulabschluss erreicht hat, an. Zum anderen wird diese Variable über die Anzahl der Ausbildungsjahre gemessen, die die Bevölkerung über 25 Jahre in der Primarschule verbracht hat. Im Unterschied zu den Schätzungen anderer Autoren ist die ökonometrische Qualität der Ergebnisse in Tabelle 16 (oberer Teil) für jede Bildungsvariable gut. Dass die Sekundarschulausbildung geringfügig bessere statistische Werte als die übrigen Bildungsvariablen erreicht, bestätigt die Resultate in der Literatur (z.B. Barro 1991). Die Ergebnisse sind robust im Hinblick auf die Verwendung von alternativen Bildungsvariablen (des Ausbildungsniveaus zu Beginn einer Dekade (Tabelle A27)) und Schätzmethoden (Verallgemeinerte Methode der kleinsten Quadrate (Tabelle A28)).

Durch die Einführung einer Dummyvariablen für die OECD-Länder ist oben für den Fall der einfachen Gleichung ohne Humankapital ein abweichendes Wachstumsverhalten der OECD-Länder festgestellt worden. Der nächste Schritt müsste jetzt darin bestehen, die Gleichung aus der Übersicht 2 mit einer OECD-Dummyvariablen zu schätzen. Wie Tabelle A29 zeigt, ist auch für die vollständige Schätzgleichung der Befund zu verzeichnen, dass sich die OECD-Länder von dem Rest der Stichprobe abheben (der Koeffizient der entsprechenden Dummyvariablen ist hochsignifikant). Nunmehr kann eine Schätzung ausschließlich für die OECD-Länder durchgeführt werden. Das wichtigste Merkmal der OECD-Schätzung ist, dass die Humankapitalvariablen durchweg signifikant sind und dass das Bestimmtheitsmaß ebenso wie die Konvergenzraten erheblich höher

Tabelle 16: Alle Länder und OECD-Länder: Humankapital und Wachstum[a] (bedingte Konvergenz) 1960–1990: OLS-Schätzung

Gleichung	Unabhängige Variable				$\bar{R}^2$	Konvergenzrate[f] (Prozent p.a.)
	Investitionsquote[b]	Bevölkerungswachstum[c]	Ausgangseinkommen[d]	Humankapital		
	Alle Länder					
1. Primarschulausbildung[e]						
(a) Abschluss	0,0425*	–0,0670*	–0,0575*	0,0264*	0,52	2,0
	(6,1723)	(–2,7355)	(–16,2692)	(4,8361)		
(b) Jahre	0,0452*	–0,0783*	–0,0603*	0,0258*	0,51	2,1
	(6,4590)	(–3,2039)	(–16,0163)	(3,9937)		
2. Sekundarschulausbildung[e]						
(a) Abschluss	0,0428*	–0,0597**	–0,0651*	0,0226*	0,55	2,2
	(6,7934)	(–2,5381)	(–17,4451)	(6,4103)		
(b) Jahre	0,0424*	–0,0644*	–0,0684*	0,0276*	0,55	2,4
	(6,8047)	(–2,7969)	(–17,5382)	(6,7386)		
3. Tertiäre Ausbildung[e]						
(a) Abschluss	0,0475*	–0,0877*	–0,0656*	0,0197*	0,53	2,3
	(7,6027)	(–3,8187)	(–16,6244)	(5,4665)		
(b) Jahre	0,0587*	–0,0911*	–0,0612*	0,0120*	0,51	2,1
	(9,8833)	(–3,9035)	(–16,2643)	(4,4822)		
	OECD-Länder					
1. Primarschulausbildung[e]						
(a) Abschluss	0,0496	–0,1243**	–0,0887*	–0,0178	0,87	2,8
	(1,9739)	(–2,4650)	(–18,3635)	(–1,6296)		
(b) Jahre	0,0012	–0,0525	–0,0894*	0,0596*	0,92	2,9
	(0,0564)	(–1,4087)	(–25,6896)	(6,1604)		
2. Sekundarschulausbildung[e]						
(a) Abschluss	0,0243	–0,0977**	–0,0951*	0,0320*	0,92	3,0
	(1,2197)	(–2,6202)	(–24,7063)	(5,9644)		
(b) Jahre	0,0460**	–0,1102*	–0,0983*	0,0435*	0,93	3,1
	(2,6419)	(–3,3512)	(–28,4103)	(8,0426)		
3. Tertiäre Ausbildung[e]						
(a) Abschluss	0,0351	–0,0994**	–0,0972*	0,0308*	0,91	3,1
	(1,7472)	(–2,6230)	(–23,6192)	(5,6922)		
(b) Jahre	0,0351	–0,1155*	–0,0992*	0,0337*	0,92	3,2
	(1,8500)	(–3,2089)	(–25,1052)	(6,6282)		

[a]Abhängige Variable: durchschnittliche Wachstumsrate des Pro-Kopf-Einkommens in den drei Dekaden 1960–70, 1970–80 und 1980–90. — [b]Anteil der realen Bruttoinvestitionen am BIP. — [c]Wachstumsrate der Bevölkerung plus Abschreibungen plus Rate des technischen Fortschritts. — [d]Pro-Kopf-Einkommen jeweils zu Beginn einer Dekade. — [e](a) Anteil der Bevölkerung über 25 Jahre, die einen Primarschul- bzw. Sekundarschul- bzw. Tertiärabschluss erreicht hat; (b) Anzahl der Ausbildungsjahre, die die Bevölkerung über 25 Jahre in den einzelnen Stufen des Bildungssystems verbracht hat. — [f]Rate, mit der sich das Pro-Kopf-Einkommen der Länder dem langfristigen Gleichgewichtswert des Pro-Kopf-Einkommens nähert. Sie wird ermittelt, wenn man die Gleichung $-(1-e^{-\beta T})$ = Koeffizient nach β auflöst. Es handelt sich dabei um den Koeffizienten des Ausgangseinkommens.

Generell gilt: Methode der kleinsten Quadrate (OLS); Poolschätzung (kombinierte Querschnitts- und Zeitreihenanalyse) mit einer Konstanten für alle Länder und Dekaden; N = 276 Beobachtungen (92 Länder und drei Dekaden), wenn alle Länder berücksichtigt werden; $N = 69$ (23 Länder und 3 Dekaden), wenn nur die OECD-Länder einbezogen werden. — *Statistisch signifikant bei einer Irrtumswahrscheinlichkeit von 1 Prozent. — **Statistisch signifikant bei einer Irrtumswahrscheinlichkeit von 5 Prozent.

Quelle: Eigene Berechnungen.

ausfallen als für die Gesamtstichprobe von 92 Ländern; allerdings werden in einigen Fällen die Investitionsquote und das Bevölkerungswachstum insignifikant (Tabelle 16, unterer Teil). Auch dieses Ergebnis bleibt bei einem Wechsel der Schätzmethode erhalten (Tabelle 17).

Die Schätzergebnisse können so interpretiert werden, dass Bildung nicht nur für Länder mit niedrigem Pro-Kopf-Einkommen (für die Nicht-OECD-Länder beispielsweise), sondern auch für die Gruppe der Länder mit den höchsten Pro-Kopf-Einkommen (OECD-Länder) auf lange Sicht zum Teil erhebliche Wachstumswirkungen nach sich zieht. Der Befund ist gegen Stichprobenverschiebungen, einen Wechsel des ökonometrischen Schätzverfahrens und alternative Messungen von Bildungsvariablen resistent. Wirtschaftspolitisch bedeutet dies, dass der Bildungspolitik eine ganz besondere Verantwortung für die langfristige wirtschaftliche Entwicklung eines Landes zufällt, und zwar unabhängig von der Höhe des Pro-Kopf-Einkommens.

Tabelle 17: OECD-Länder: Humankapital und Wachstum[a] (bedingte Konvergenz) 1960–1990: GLS-Schätzung

Gleichung	Unabhängige Variable				$\bar{R}^2$
	Investitionsquote[b]	Bevölkerungswachstum[c]	Ausgangseinkommen[d]	Humankapital	gewichtet/ ungewichtet[f]
1. Primarschulausbildung[e]					
(a) Abschluss	0,0095	–0,0544	–0,0816*	–0,0123	0,97/0,98
	(0,4105)	(–1,1102)	(–29,2290)	(–1,3727)	
(b) Jahre	–0,0206	–0,0124	–0,0908*	0,0812*	0,98/0,99
	(–1,0804)	(–0,3009)	(–41,8354)	(5,4811)	
2. Sekundarschulausbildung[e]					
(a) Abschluss	0,0159	–0,0721	–0,0990*	0,0337*	0,98/0,99
	(0,8638)	(–1,8251)	(–37,3486)	(6,1095)	
(b) Jahre	0,0282	–0,0636	–0,1023*	0,0513*	0,99/0,99
	(1,8706)	(–1,9588)	(–47,3188)	(9,4345)	
3. Tertiäre Ausbildung[e]					
(a) Abschluss	0,0182	–0,0142	–0,0978*	0,0305*	0,98/0,99
	(1,0388)	(–0,3738)	(–42,3603)	(6,8695)	
(b) Jahre	0,0200	–0,0238	–0,0982*	0,0308*	0,98/0,99
	(1,1523)	(–0,6366)	(–42,4383)	(7,0758)	

[a]Abhängige Variable: durchschnittliche Wachstumsrate des Pro-Kopf-Einkommens in den drei Dekaden 1960–70, 1970–80 und 1980–90. — [b]Anteil der realen Bruttoinvestitionen am BIP. — [c]Wachstumsrate der Bevölkerung plus Abschreibungen plus Rate des technischen Fortschritts. — [d]Pro-Kopf-Einkommen jeweils zu Beginn einer Dekade. — [e](a) Anteil der Bevölkerung über 25 Jahre, der einen Primarschul- bzw. Sekundarschul- bzw. Tertiärabschluss erreicht hat; (b) Anzahl der Ausbildungsjahre, die die Bevölkerung über 25 Jahre in den einzelnen Stufen des Bildungssystems verbracht hat. — [f]Gewogenes und ungewogenes korrigiertes Bestimmtheitsmaß.

Generell gilt: Verallgemeinerte Methode der kleinsten Quadrate (GLS); Poolschätzung (kombinierte Querschnitts- und Zeitreihenanalyse) mit Zufallseffekten (random effects); N = 69 Beobachtungen (23 Länder und 3 Dekaden). — *Statistisch signifikant bei einer Irrtumswahrscheinlichkeit von 1 Prozent.

Quelle: Eigene Berechnungen.

Die empirisch beobachteten Wachstumswirkungen von Bildung bestätigen zwar die Hypothese, dass von der Bildung positive Wachstumsimpulse ausgehen können. Die Ergebnisse sagen jedoch nichts über den wachstumsoptimalen Umfang von Bildungsinvestitionen aus, weder für die OECD- noch für die Nicht-OECD-Länder (Foders 1998b). Wenngleich es möglicherweise wachstumspolitisch wünschenswert wäre, derartige Hinweise zu erhalten, deuten bereits die obigen Schätzungen zum Zusammenhang zwischen den Bildungsausgaben und den Schülerleistungen darauf hin, dass konkrete Anhaltspunkte für die Effizienz von Bildungsinvestitionen nicht gewonnen werden können. Daher gibt es keine empirisch untermauerte Grundlage für eine Feinabstimmung zwischen der Höhe der Bildungsausgaben und den erwarteten Wachstumswirkungen.

4.4 Fazit

Die Analyse der TIMSS-Ergebnisse gibt Anlass zu der Vermutung, dass die Schwächen in der Leistungsfähigkeit von Schülern in den Kernfächern der Informationsgesellschaft große Probleme in den nachgelagerten Bereichen des Bildungssystems und in der modernen Berufswelt verursachen. Deutschland könnte hinter seine wichtigsten Handelspartner zurückfallen, sofern die Defizite im mathematischen und naturwissenschaftlichen Schulunterricht nicht zügig behoben werden.

Angesichts der Anforderungsprofile der Betriebe, insbesondere des hohen Stellenwerts, den die Beherrschung der Grundrechenarten für sie hat, scheinen die Zweifel vieler Betriebe an der Berufsreife von Schulabgängern zum Teil mit den Ergebnissen der TIMSS-Studie bezüglich der Schwächen von Schulabgängern der Haupt- und Realschulen in mathematisch-naturwissenschaftlichen Fächern übereinzustimmen. Leistungsunterschiede lassen sich auch in der gymnasialen Oberstufe und insbesondere zwischen den Bundesländern feststellen. Dieser Befund deutet auf das Fehlen von verbindlichen Leistungsstandards hin.

Die ökonometrischen Schätzungen, die hier präsentiert worden sind, zeigen, dass Bildungsausgaben mit Aufwandsindikatoren, vor allem mit der Höhe der Lehrergehälter, der Anzahl der Unterrichtsstunden und dem Umfang der Bildungsbeteiligung, korrelieren. Auf die Ergebnisse des Bildungssystems in Gestalt der Schülerleistungen scheinen die Bildungsausgaben jedoch keinen Einfluss zu haben. Eine Aussage über die Effizienz von Bildungsausgaben bzw. Bildungssystemen kann daher vor dem Hintergrund der vorliegenden Ergebnisse insoweit nicht getroffen werden, als eine bloße Erhöhung der Bildungsausgaben keine besseren Bildungsergebnisse bewirken.[43]

Die Wachstumsschätzungen bestätigen den engen Zusammenhang, der zwischen Wachstum und Bildung im internationalen Querschnittsvergleich besteht. Sie können so interpretiert werden, dass die Bildung nicht nur für Länder mit niedrigem Pro-Kopf-Einkommen, sondern auch für die Gruppe der Länder mit den höchsten Pro-Kopf-Einkommen positive Wachstumswirkungen nach sich zieht. Wirtschaftspolitisch bedeutet dies, dass der Bildungspolitik eine ganz besondere Verantwortung für die langfristige wirtschaftliche Entwicklung zufällt: Bildungspolitik ist gleichzeitig Wachstumspolitik.

43 Andere Untersuchungen kommen zum Ergebnis, dass die Bildungsausgaben je Schüler in den OECD-Ländern gestiegen sein sollen, und zwar bei konstant bleibenden Leistungen. Dieser Befund wird von den Autoren als „sinkende Schulproduktivität“ bezeichnet (Gundlach et al. 2000).

5 Wirtschaftspolitische Schlussfolgerungen: Zehn Thesen zur deutschen Bildungspolitik

5.1 Zur Entwicklung der Qualifikationsmärkte in Deutschland

These

Infolge der demographischen Entwicklung ist langfristig mit einem rückläufigen Angebot an Arbeitskräften aller Qualifikationsstufen zu rechnen. Mittelfristig könnte es jedoch zu einem Überhang bei den Geringqualifizierten und zu Engpässen bei den mittleren Qualifikationen sowie in Teilbereichen auch bei höheren Qualifikationen kommen. Maßnahmen, die zu einer qualitativen Verbesserung der allgemeinen Bildung in der Grundschule und in der Orientierungsstufe beitragen, könnten den Anteil der Geringqualifizierten senken und das Angebot an Arbeitskräften mittlerer Qualifikation erhöhen.

Erläuterung

Die deutsche Qualifikationslandschaft steht langfristig unter dem Einfluss demographischer Faktoren. Infolge der andauernd niedrigen Fertilität kommt es zu einem geringeren Anteil junger Menschen an der Gesamtbevölkerung und, angesichts einer gleichzeitig zunehmenden Lebenserwartung, zu einem Anstieg des Durchschnittsalters der Bevölkerung. Für die Qualifikationsmärkte bedeutet das, dass die Nachfrage der Inländer nach Ausbildungsplätzen im herkömmlichen Bildungssystem langfristig rückläufig ist. Diese Entwicklung wird von der gestiegenen Bildungsbeteiligung allenfalls abgeschwächt, jedoch weder kompensiert noch umgekehrt. Langfristig ist daher insgesamt mit einem rückläufigen (mengenmäßigen) Angebot an qualifizierten Arbeitskräften in Deutschland zu rechnen (Foders 2000). Zudem wird das herkömmliche Bildungssystem Kapazitäten freisetzen.

Aktuelle Prognosen zur Entwicklung der Qualifikationsmärkte in der mittleren Frist (etwa bis 2010) weisen darauf hin, dass es in einigen Qualifikationssegmenten zu Ungleichgewichten zwischen Angebot und Nachfrage kommen könnte: Es gibt Anhaltspunkte dafür, dass

- es zu einem weiter steigenden Überhang in der Gruppe der Unqualifizierten und Geringqualifizierten kommen könnte,
- im Bereich der mittleren Qualifikationen Engpässe auftreten könnten und

– bei den höheren Qualifikationen (traditionelle Hochschulabschlüsse) Defizite allenfalls in Teilbereichen zu erwarten sein dürften.

Einschränkend ist hierzu anzumerken, dass die in Kapitel 2 zitierten Prognosen weder der demographischen Entwicklung, noch der Tertiarisierung der Wirtschaft noch der anlässlich der unerwartet schnellen Expansion in den Informations- und Telekommunikationsbranchen in jüngster Zeit erneut zunehmenden Nachfrage nach Hochschulabsolventen ausreichend Rechnung tragen. Daher kann insgesamt gesehen eine Überschätzung des Angebotes an Niedrigqualifizierten und eine Unterschätzung der Nachfrage nach mittleren und höheren Qualifikationen nicht ausgeschlossen werden. Insbesondere die Nachfrage nach höher qualifizierten Arbeitskräften wird durch den strukturellen und technologischen Wandel eher gestärkt.

Aus dem skizzierten mittelfristigen Szenario wird deutlich, dass das herkömmliche Bildungssystem unter Anpassungsdruck steht. So dürfte der Hauptschulabschluss erheblich an Attraktivität eingebüßt haben. Eine Rückführung des Anteils der Hauptschüler zugunsten einer Erhöhung des Anteils der Realschüler und Abiturienten würde aber das Bildungssystem vor schwierige Entscheidungen stellen. Wenn eine Aufwertung der Hauptschule (etwa durch Umsetzung höherer Leistungsstandards) als Alternative ausscheidet, müsste das Leistungsniveau der Grundschule und das der Orientierungsstufe, wo die Weichen für den späteren Bildungsweg gestellt werden, merklich erhöht werden, damit Realschulen und Gymnasien einen höheren Zufluss von Schülern erfahren. Im Bereich der mittleren Qualifikationen, zu denen neben dem Realschulabschluss und der allgemeinen oder fachgebundenen Hochschulreife das Duale System, Teile der beruflichen Weiterbildung und die kürzeren Studiengänge an den Hochschulen zählen, sind mittelfristig Angebotsausweitungen angezeigt, sofern von einer weiterhin steigenden Bildungsbeteiligung ausgegangen werden kann.

5.2 Bildungsbeteiligung und Arbeitsmarkt

These

Stark regulierte Arbeitsmärkte senden die falschen Signale an die Unternehmen und Haushalte. Allenfalls im Bereich der höchsten Qualifikationen kann ein enger Zusammenhang zwischen den Bildungsabschlüssen und den beruflichen Chancen allgemein erkannt werden. Bei den Abschlüssen, die den mittleren Qualifikationen entsprechen, können die bestehenden Berufschancen offenbar nur schwer identifiziert werden. Eine umfassende Deregulierung und Flexibilisierung des Arbeitsmarktes würde den Bildungswilligen eine realistische Einschätzung der Rentabilität von Bildungsinvestitionen ermöglichen. Diese stellt eine wichtige Voraussetzung für eine höhere Bildungsbeteiligung dar, vor allem im Bereich der mittleren Qualifikationen.

Erläuterung

Anreize für eine erhöhte Bildungsbeteiligung könnten außerhalb des Bildungssystems vor allem auf dem Arbeitsmarkt entstehen. Da Bildung eine Investition ist, die stets von Einzelnen getätigt wird, sofern sie sich rechnet, ist eine gestiegene Bildungsbeteiligung in der Regel erst nach einer spürbaren Verbesserung der Perspektiven auf dem Arbeitsmarkt zu erwarten. Eine Arbeitsmarktverfassung, die eine qualifikationsgerechte und an den herrschenden Knappheiten orientierte Differenzierung der Löhne behindert und die seit den 70er Jahren zu kontinuierlich zunehmenden Arbeitslosenquoten führt, kann kaum genügend Arbeitsplätze hervorbringen, vor allem für die Gruppe der Geringqualifizierten. Gleichzeitig entsteht ein (zum Teil künstlicher) Nachfrageüberschuss nach mittleren und höheren Qualifikationen, vermutlich auch für Aufgaben, für die niedrigere Qualifikationsstufen ausreichend wären.

Die übermäßige Nachfrage nach höheren Qualifikationen könnte durch eine stärkere Lohndifferenzierung korrigiert werden, die Anreize für die Beschäftigung von Arbeitskräften mit niedrigen und mittleren Qualifikationen entstehen lässt. Eine umfassende Deregulierung und Flexibilisierung des Arbeitsmarktes würde den Teilnehmern eine realistischere Einschätzung der Rentabilität von Bildungsinvestitionen und eine ökonomisch begründete Entwicklung der Bildungsbeteiligung auf allen Ebenen des Bildungssystems ermöglichen. Dies würde vor allem im Bereich der mittleren Qualifikationen, wo die größten Defizite zu verzeichnen sind, für Markttransparenz sorgen und zu einem höheren Angebot an Arbeitskräften führen.

5.3 Zur Qualität der allgemeinen Schulbildung

These

Die Ergebnisse mehrerer nationaler und internationaler Studien haben den Verdacht aufkommen lassen, dass die allgemein bildenden Schulen Schwierigkeiten bei der Durchsetzung von internationalen Leistungsstandards haben, insbesondere in den mathematisch-naturwissenschaftlichen Fächern. Die Einhaltung von Qualitätsnormen stößt in einem dezentral organisierten Schulwesen auf viele Hindernisse. Daher ist jede einzelne Schule grundsätzlich angehalten, selber auf die Qualität ihrer Dienstleistung zu achten. Zentrale Leistungskontrollen auf Länderebene könnten aber bei der Umsetzung von Qualitätsnormen behilflich sein, und zwar durch die Festlegung von verbindlichen Mindeststandards. Würden die Ergebnisse zentraler Leistungskontrollen veröffentlicht, könnten sie einen Beitrag zur Qualitätssicherung leisten und den Leistungswettbewerb unter den Schulen und Bundesländern anregen. In welcher Form Leistungskontrollen am besten durchgeführt werden sollten, müsste nach pädagogischen und praktischen Gesichtspunkten entschieden werden. Daneben sollte die regelmäßigere Fortbildung der Lehrer zum integralen Bestandteil des Lehrerberufes gemacht werden. Nur so kann das neue Wissen möglichst ohne Verzögerungen Eingang in die Schulausbildung finden. Um die berufliche Orientierung von Schülern und Schulabsolventen zu erleichtern, müssten wirtschaftliche Zusammenhänge stärker als bisher als Teil der Schulbildung vermittelt werden.

Erläuterung

Im deutschen Schulwesen nimmt der Staat eine dominierende Stellung ein. Nur ein relativ geringer Teil der Schüler besucht private Schulen. Das geltende Recht definiert private Schulen lediglich als Ersatz für öffentliche Schulen und weist ihnen eine eher marginale Rolle im Bildungssystem zu. Mit der Dominanz des Staates geht ein geringer Leistungswettbewerb einher, der für eine qualitative Differenzierung der Dienstleistung Schulbildung kaum Spielraum bietet.

Die Ergebnisse der international angelegten TIMSS-Studie für die 8. Jahrgangsstufe und die in letzter Zeit von vielen Betrieben und Verbänden geäußerten Zweifel an der Ausbildungsreife von Haupt- und Realschülern haben den begründeten Verdacht aufkommen lassen, dass die allgemein bildenden Schulen Schwierigkeiten bei der Durchsetzung und Aufrechterhaltung von internationalen Leistungsstandards haben. Bemängelt werden dabei insbesondere die mathematisch-naturwissenschaftlichen Fähigkeiten der Schüler. Anlass zu ähnlichen Bedenken geben die neueste TIMSS-Studie für die Sekundarstufe II, die sich auf die Schülerleistungen der Gymnasien bezieht, und die Bundeswehr-Studie zu den Basisfertigkeiten (Rechnen und Rechtschreibung) von Wehrpflichtigen (Ebenrett und Puzicha 1999).[43]

Das Problem stellt sich nicht nur in Deutschland. Auch andere europäische Länder und vor allem die Vereinigten Staaten weisen große Defizite bei den Leistungen von Schülern auf. Diese Defizite rühren häufig daher, dass regelmäßige Überprüfungen der Leistungen von Schülern und Lehrern nicht statt-

---

43 Mängel in der Qualität der Schulausbildung sind auch von der Bildungskommission Nordrhein-Westfalen (1995), dem Initiativkreis Bildung der Bertelsmann-Stiftung (1998) und im Berufsbildungsbericht 1998 (BMBW 1998b) festgestellt worden.

finden und dass dort, wo dies regelmäßig erfolgt, die Überprüfungsergebnisse selten zum Anlass für Korrekturmaßnahmen genommen werden. Ungeachtet ihrer möglichen Schwächen zeigen die TIMSS-Studien, dass Leistungskontrollen notwendig und sinnvoll sind und dass sie als Instrumente eingesetzt werden können, um die Qualität der Schulbildung zu verbessern und um Kriterien zu entwickeln, die für die Beurteilung und Anpassung der Leistung von Schülern, Lehrern und Schulen geeignet sind.

Sofern die Defizite im mathematischen und naturwissenschaftlichen Schulunterricht nicht zügig genug behoben werden, besteht die Gefahr, dass sich die Leistungsschwächen der Schüler auch auf andere Bereiche des Bildungssystems (berufliche Bildung, akademische und nichtakademische tertiäre Ausbildung) übertragen. Kommt es hierdurch zu einem verringerten Angebot an Schlüsselqualifikationen für die Branchen, die der internationalen Konkurrenz ausgesetzt sind, könnte die Wettbewerbsfähigkeit des Wirtschaftsstandorts in Mitleidenschaft gezogen werden. Die in diesem Zusammenhang entstandene Diskussion um die Green Cards für IT-Experten deutet bereits an, dass in den kommenden Jahren weitere Defizite sichtbar werden könnten.

Wie die Erfahrung anderer Länder zeigt, lassen sich Leistungsstandards durchsetzen, wenn sie zentral (z.B. auf der Ebene einzelner Bundesländer) unter Berücksichtigung internationaler Entwicklungen festgelegt und von einzelnen Schulen umgesetzt werden. Zur Kontrolle der Umsetzung von Standards dienen allgemein verbindliche Prüfungen, die landesweit an einem Stichtag durchgeführt werden. Finden einheitliche Schulprüfungen über einen längeren Zeitraum statt, können Schulen identifiziert werden, an denen die Schüler die besten (schlechtesten) Leistungen erbringen. In Ländern wie dem Vereinigten Königreich oder Frankreich, die ein landesweites Curriculum aufweisen, gehören derartige Leistungskontrollen zur herkömmlichen Schulpraxis. Das britische National Curriculum beispielsweise kann ebenso wie das Zentralabitur, das es bereits in einigen deutschen Bundesländern gibt, zur Bildung von Benchmarks (Referenzwerten) eingesetzt werden. Mit Hilfe von Referenzwerten wird die relative Leistungsfähigkeit von einzelnen Schulen bestimmt. In Frankreich und im Vereinigten Königreich werden die Ergebnisse der Abschlussprüfungen der Sekundarstufe II regelmäßig in überregionalen Zeitungen und im Internet veröffentlicht, um einer breiten Öffentlichkeit Informationen zugänglich zu machen, die für eine rational begründete Wahl der Schulen durch die Eltern und eine objektive Beurteilung von Bewerbungsunterlagen durch das Personalmanagement in Unternehmen erforderlich sind. Auf deutsche Verhältnisse übertragen könnten Leistungskontrollen wie die, die in den Bundesländern mit Zentralabitur für den Bereich der Gymnasien stattfinden, in ähnlicher Weise auch für andere Schulformen (Haupt-, Real- und Gesamtschule) vorgesehen werden. Zentrale Leistungskontrollen auf Länderebene würden in einem ersten Schritt ausreichen, um bislang verborgene

Leistungsunterschiede zwischen den Schulen eines Bundeslandes transparent zu machen. In einem zweiten Schritt könnten zumindest für einige Kernfächer der Wissensgesellschaft (Deutsch, Mathematik usw.) bundesweite Leistungskontrollen nach einheitlichen Anforderungen eingeführt werden. Die Ergebnisse von derartigen Leistungstests sollten stets in einer Form veröffentlicht werden, die die Unterschiede zwischen den Schulen und den Bundesländern deutlich zum Ausdruck bringt.

Allerdings stößt die Einhaltung von Qualitätsnormen in einem dezentral organisierten Schulwesen wie dem deutschen oder amerikanischen auf viele Hindernisse; zentral organisierte Staaten haben es da viel leichter. Neuere Untersuchungen zeigen außerdem, dass standardisierte Tests ein Principal-Agent-Problem hervorrufen können: Werden die Ergebnisse der Tests mit den Gehältern oder der Beförderung der Lehrer und Schulleiter verknüpft, besteht die Gefahr, dass der Unterricht zu einer Übung für den Test degeneriert und es zu einer Auslese (adverse selection) von besonders testerprobten Schülern kommt; die hinter den Standards sich verbergenden Lerninhalte bleiben dabei zum Teil auf der Strecke (McNeil 2000). Daher ist nach wie vor jede einzelne Schule angehalten, selbst auf die Qualität ihrer Dienstleistung zu achten. Dabei stellt sich jedoch ein anderes Principal-Agent-Problem: Die Leistungen der Lehrer sind aufgrund der bestehenden Informationsasymmetrien zwischen Lehrer, Schulleiter und Schulaufsicht weder direkt zu beobachten noch zu kontrollieren. Daher könnten zentrale Leistungskontrollen auf Länderebene bei der Umsetzung von Qualitätsstandards dennoch behilflich sein, sofern es sich dabei überwiegend um verbindliche Mindeststandards handelt. Den Schulen bliebe freilich genügend Spielraum, um die Mindeststandards zu übertreffen, und sie würden wahrscheinlich diesen Spielraum nutzen, um sich im Wettbewerb zu behaupten, sofern ein Wettbewerb zwischen den Schulen stattfindet.

Ferner könnte die Qualität der Schulen auch dadurch verbessert werden, dass das staatliche Schulsystem stärker für den Wettbewerb geöffnet wird. Dies könnte erreicht werden, wenn den staatlichen Schulen mehr Autonomie gegenüber den zuständigen Behörden der Länder gewährt und gleichzeitig mehr freie Träger zugelassen würden. Selbstständigere Schulen könnten einen Teil ihrer Personal- und Sachmittel nach ihren spezifischen Bedürfnissen verwalten und so beispielsweise eigene Personalmanagementkonzepte (etwa Leistungsanreize für Lehrer) umsetzen, auf den drohenden Unterrichtsausfall durch die kurzfristige Einstellung von Aushilfskräften flexibler reagieren und gegebenenfalls Ganztagsangebote unbürokratischer bereitstellen. Bei der Erhöhung des Anteils privater Schulen muss sich der Charakter der Schulbildung als öffentliches Gut nicht verändern. Lediglich das in Deutschland bestehende weitgehende Angebotsmonopol des Staates würde durch eine Diversifizierung des Angebots eingeschränkt. Weiterhin würde ausschließlich dem Staat die Aufgabe obliegen, den Markt für Schulbildung zu regulieren, unter anderem durch Festlegung der Curricula und der (Mindest-) Leistungsstandards für alle Schulformen und Jahrgangsstufen. Auch die Leistungskontrolle würde dem Staat obliegen. Über die Form der Kontrolle müsste auf der Basis von pädagogischen und praktischen Kriterien entschieden werden.

Auf die Qualität und Aktualität der schulischen Ausbildung wirkt sich schließlich die regelmäßige Fort- und Weiterbildung der Lehrer aus, eine Maßnahme, die vor dem Hintergrund eines beschleunigten technischen Fortschritts einen höheren Stellenwert erhalten sollte. Wenn im Schulsystem insgesamt die Wettbewerbselemente gestärkt würden, gäbe es zugleich mehr Anreize für die Schulen, größere Akzente auf die laufende Aktualisierung des Lehrerwissens zu setzen.

Die nur mittelmäßigen mathematisch-naturwissenschaftlichen Leistungen von deutschen Schülern scheinen sich inzwischen auf nachgelagerte Bereiche des Bildungssystems, insbesondere auf die Nachfrage nach Studienrichtungen an den Hochschulen, ausgewirkt zu haben. So hat sich in den 90er Jahren ein deutlicher Wandel in den Präferenzen der Studierenden vollzogen. Der Anteil der Studienanfänger in den Rechts-, Wirtschafts- und Sozialwissenschaften an der Gesamtzahl der Erstsemester hat kräftig zugenommen. In den Ingenieurwissenschaften ist der Anteil in den 90er Jahren auf das Niveau der 60er Jahre zurückgefallen. Eine ähnlich rückläufige, wenngleich weniger dramatische Entwicklung erfuhren die Fächer Mathematik und Naturwissenschaften. Obgleich die Studienentscheidung unter anderem von der Entwicklung auf dem Arbeitsmarkt abhängig ist, dürften die in der Schule geformten und eventuell geförderten Neigungen auch einen Einfluss auf die Studienwahl gehabt haben. Der Rückgang des Interesses junger Menschen für mathematisch-naturwissenschaftliche und ingenieurwissenschaftliche Studiengänge fällt auf und ist im Hinblick auf die aufkommende Wissensgesellschaft und die New Economy zumindest Besorgnis erregend. Nicht nur das künftige Angebot an Absolventen dieser Studienrichtungen, sondern auch der Personenkreis, aus dem sich der wissenschaftliche Nachwuchs an den Hochschulen und Forschungsinstituten rekrutiert, dürfte durch die skizzierte Entwicklung deutlich kleiner werden.

5.4 Zur Finanzierung der beruflichen Bildung

These

Der in letzter Zeit häufig zu beobachtende Nachfrageüberschuss bei betrieblichen Ausbildungsplätzen ist in den vergangenen Jahren immer wieder mit großem Engagement der privaten Wirtschaft abgebaut worden. Solange dies zufriedenstellend gelingt, sollte sich der Staat hier nicht einmischen. Es hat allerdings den Anschein, als ob die Bereitstellung einer genügend großen Zahl von Ausbildungsplätzen immer schwerer fällt, da sich für die ausbildenden Betriebe die Kosten tendenziell erhöhen, während die Erträge eher zurückgehen. Es ist deshalb nicht auszuschließen, dass sich hier ein künftiger bildungspolitischer Handlungsspielraum ergibt, wenn Umfang und Niveau der Berufsbildung aufrechterhalten werden sollen. Grundsätzlich kämen dafür zwei Instrumente infrage: Zum einen könnte ein Stipendium die betriebliche Vergütung der Auszubildenden zum Teil ersetzen. Die Betriebe könnten hierdurch ihre Ausbildungskosten senken und so das Angebot an Ausbildungsplätzen am betrieblichen Bedarf ausrichten. Eine Stiftung, an der sich der Staat und die Wirtschaft gemeinsam finanziell beteiligen, könnte die Stipendien (Azubi-Bafög) vergeben. Dadurch würde der Ausbildungscharakter des Dualen Systems gestärkt und die privatwirtschaftliche Komponente erhalten bleiben. Zum anderen könnte die außerbetriebliche Ausbildung (etwa in überbetrieblichen Ausbildungsstätten) – als Alternative zur betrieblichen Ausbildung – attraktiver gestaltet werden.

Erläuterung

Deutschland verzeichnet eine hohe Fluktuation beim Angebot von betrieblichen Ausbildungsplätzen. Dies hat eine kontroverse Diskussion über die Finanzierungsform des Dualen Systems ausgelöst. Gefordert wird, dass die Betriebe stets so viele Ausbildungsplätze zur Verfügung stellen mögen, wie es Bewerber gibt. Diese Forderung geht davon aus, dass ein rein rechnerischer Ausgleich zwischen Angebot und Nachfrage möglich ist und dass Reibungsverluste dabei nicht zwingend sind. Vom Arbeitsmarkt her ist jedoch hinlänglich bekannt, dass eine Divergenz zwischen Angebot und Nachfrage relativ häufig auftritt und dass ein solches Ungleichgewicht sogar über größere Zeiträume hinweg bestehen kann. Dies ist auf dem Markt für betriebliche Ausbildungsplätze in einer marktwirtschaftlichen Wirtschaftsordnung kaum anders. Unternehmen bieten Ausbildungsplätze freiwillig an, sofern die im Zeitablauf schwankenden Gewinnerwartungen und die Personalplanung, die der Gewinnerwartung folgt, es als lohnend erscheinen lassen. Bei der Bereitstellung von Ausbildungsplätzen spielen die Kosten, die dem ausbildenden Betrieb dabei entstehen, eine entscheidende Rolle.

In Teilen der einschlägigen Literatur ist es umstritten, ob und inwieweit die Motivation privater Unternehmen, Ausbildungsplätze anzubieten, mit der Höhe der Ausbildungskosten in Verbindung steht. Jedoch basieren die Untersuchungen, die als Beleg für die Ablehnung oder Abschwächung der Kostenhypothese angeführt werden, auf Konzepten, die dem Stand der Wirtschaftswissenschaften, vor allem dem Stand der Theorie der Humankapitalbildung, nicht entsprechen. Dies kommt unter anderem darin zum Ausdruck, dass in diesen Studien ausschließlich der Ausbildungszeitraum zugrunde gelegt und ausschließlich unmittelbar betriebswirtschaftlich anfallende Kosten in Ansatz gebracht werden. Eine theoretisch fundierte Erfassung der Kosten müsste sich auf den gesamten Zeitraum beziehen, in dem die (Bildungs-)Investition wirksam ist. Überdies müssten die während der Ausbildungszeit entgangenen Erträge (Opportunitätskosten) in die Rechnung eingehen. Nicht zuletzt versäumen es diese Studien, die Erträge der Bildungsinvestitionen zu berücksichtigen.

Die Kosten und Erträge des Dualen Systems verteilen sich nicht in gleichem Maße auf alle Teilnehmer (Betriebe, Auszubildende, Staat), weshalb externe Politikeingriffe nur dann neutral sein können, wenn sie auf die existierende Struktur der Kosten und Erträge abgestimmt werden. Vorliegende Schätzungen, die die erwähnte Kritik nicht zu fürchten brauchen, zeigen, dass der Staat ebenso wie die Auszubildenden einen hohen Nutzen aus dem Dualen System zieht. Daraus könnte geschlossen werden, dass der Betrieb, der oft den geringsten Nettoertrag hat – nach einigen Schätzungen sogar einen Verlust –, entweder finanzielle Hilfen vom Staat oder Lehrgeld von den Auszubildenden erhalten sollte, damit ein kontinuierlich hohes Angebot an Lehrstellen sichergestellt werden kann.

Für eine staatliche Intervention könnte sprechen, dass die privaten Kosten des meritorischen Gutes betriebliche Ausbildung offenbar höher als die sozialen oder gesellschaftlichen Kosten sind und dass sich die Gesellschaft einen hohen Nutzen von der Bereitstellung von Ausbildungsplätzen verspricht. Die Bundesregierung hat sich für den Weg der staatlichen Hilfen für ausbildende Betriebe entschieden. Dabei sind vom Bund unter anderem zinsverbilligte und langlaufende Darlehen für die ausbildenden Unternehmen zur Verfügung gestellt und gemeinsame Maßnahmen des Bundes, des Landes Berlin und der neuen Länder mit einem Bundeszuschuss beschlossen worden. Zudem wurden die Richtlinien für die Vergabe von öffentlichen Aufträgen des Bundes zugunsten einer Bevorzugung von ausbildenden Unternehmen modifiziert und viele andere Maßnahmen ergriffen, unter anderem auf der Ebene der alten Bundesländer.[44]

Die umfangreichen öffentlichen Ausbildungshilfen für die Betriebe sind zwar bislang nicht wissenschaftlich evaluiert worden. Staatliche Subventionen zeichnen sich jedoch im Allgemeinen durch eine Reihe von negativen Anreizwirkungen aus (Verringerung des freiwilligen Angebots an Stellen, Schaffung einer langfristigen Abhängigkeit vom Staat) und können die Empfänger unter Umständen zu einem Missbrauch der Mittel verleiten (Scheinausbildung, Umleitung der Mittel). Sie scheiden daher ebenso wie die Ausbildungsumlage als ökonomisch begründete wirtschaftspolitische Empfehlung aus.

Der Ersatz des heutigen Subventionssystems durch die Einführung eines Lehrgeldes würde hingegen dem gemischten (privaten und öffentlichen) Charakter der

---

44 Die staatlichen Maßnahmen sind in den Berufsbildungsberichten für 1998 und 1999 ausführlich dargestellt worden (BMBW 1998b; BMBF 1999).

beruflichen Ausbildung besser gerecht werden: Weil der Auszubildende einen großen materiellen Vorteil durch die Ausbildung hat, sollte er an den Kosten der Ausbildung beteiligt werden. Dies muss nicht in Form von Direktzahlungen an die Betriebe erfolgen. Lehrgeld kann zum Beispiel über den Verzicht auf einen Teil der üblichen Vergütung erbracht werden. Wenngleich es seit 1997 zum ersten Mal in 20 Jahren keinen nennenswerten Anstieg gegeben hat, ist die durchschnittliche monatliche Vergütung eines Auszubildenden im Vergleich zu den Einstiegslöhnen von Arbeitskräften mit einer abgeschlossenen Berufsausbildung in einigen Branchen immer noch hoch. Daher könnten die Auszubildenden durch den Verzicht auf einen Teil der Vergütung zur Senkung der Ausbildungskosten und somit zur Aufrechterhaltung der betrieblichen Komponente der Erstausbildung beitragen.

Doch in der Geschichte der beruflichen Bildung in Deutschland hat die tarifbezogene Vergütung die früher bestehende Lehrgeldpflicht abgelöst. Eine Rückkehr zum Lehrgeld wäre heute gesellschaftspolitisch eher unwahrscheinlich. Trotzdem bleibt das Ergebnis erhalten, dass die berufliche Erstausbildung eine für den Auszubildenden lohnende Investition darstellt – nicht zuletzt deshalb ist in Deutschland regelmäßig ein Nachfrageüberschuss bei den Ausbildungsplätzen zu verzeichnen – und dass die ausbildenden Unternehmen positive externe Effekte für die Volkswirtschaft erzeugen. Sollte der Staat an dieser Stelle eine Intervention für nötig erachten, dann könnte diese – angesichts der vorliegenden Ausgangssituation – beispielsweise bei den Ausbildungskosten ansetzen. Um die Teilnehmer des Dualen Systems mit den Schülern der allgemein bildenden Schulen und den Studierenden an den Hochschulen, die mit Bafög und von nichtstaatlichen Stellen vergebenen Stipendien gefördert werden, und den Teilnehmern der Aufstiegsfortbildung, die ebenfalls mit Bafög gefördert werden (Meister-Bafög), gleichzustellen, könnte ein neues Stipendium – das Azubi-Bafög – für Auszubildende geschaffen werden. Das Azubi-Bafög könnte in Abhängigkeit vom Elterneinkommen und als Darlehen vergeben werden. Das Stipendium würde die übliche Vergütung teilweise oder ganz ersetzen, wodurch den Betrieben geringere Kosten entstünden.

Das Azubi-Bafög könnte – müsste aber nicht – aus dem Haushalt des Bundesbildungsministeriums bezahlt werden. Angesichts der angespannten Haushaltslage und der Notwendigkeit, die Staatsquote in Deutschland zu senken, wäre die Gründung einer Stiftung – der Stiftung Berufliche Bildung – sinnvoller. In öffentlich-rechtlicher Hand gelegen, würde sie das Stiftungskapital privatwirtschaftlich verwalten. Das Kapital könnte gemeinsam von dem Staat und der Wirtschaft aufgebracht werden. Aufgrund der Zweckbindung der Mittel und des gemeinnützigen Charakters der Stiftung könnten zusätzlich private Spenden eingeworben werden.

Als Alternative zu einer Förderung des betrieblichen Angebotes an Ausbildungsplätzen mit Hilfe des Azubi-Bafögs könnte der Ausbau von Ausbildungsplätzen in den überbetrieblichen Ausbildungszentren und die stärkere Einbeziehung der Berufsschulen erwogen werden. Dafür spricht, dass die überbetrieblichen Ausbildungszentren und die Berufsschulen einer breiteren Grundausbildung gerechter werden könnten als die Betriebe. Bei allen Reformüberlegungen zum System der beruflichen Bildung sollte im Blick behalten werden, dass staatliche Interventionen stets dazu tendieren, privatwirtschaftliches Engagement zurückzudrängen. Gerade im Bereich der mittelständischen Wirtschaft wird die Bereitstellung von Ausbildungsplätzen oftmals auch als gesellschaftspolitische Verpflichtung verstanden und damit nicht nur unter rein betriebswirtschaftlichen Kosten-Nutzen-Relationen gesehen. Je stärker der Staat gesellschaftliche Aufgaben wahrnimmt, desto stärker könnten sich privatwirtschaftliche Akteure aus ihrer Verantwortung entlassen fühlen.

Insbesondere in den alten Bundesländern ist es bislang immer wieder gelungen, der Nachfrage nach Ausbildungsplätzen in letzter Minute doch noch einigermaßen gerecht zu werden. Das Problem des Ausbildungsplatzmangels konzentriert sich überwiegend auf die neuen Bundesländer, wobei hier auch die staatlichen Subventionen für die Berufsausbildung besonders ausgeprägt sind. Daher muss in den neuen Bundesländern der Balanceakt gelingen, dem Bedarf an Kostenentlastungen für ausbildende Betriebe gerecht zu werden und dabei das hohe Engagement der Privatwirtschaft im Dualen System zu erhalten.

5.5 Zu den Inhalten der beruflichen Bildung

These

Infolge des beschleunigten technologischen Wandels und der Internationalisierung der Wirtschaft kommt der breiten Grundausbildung wieder eine größere Bedeutung zu, weshalb die immer noch viel zu hohe Anzahl der Berufe zugunsten einer stärkeren Konzentration auf die Vermittlung allgemeiner berufsfeldübergreifender Lehrinhalte reduziert werden sollte. Überbetriebliche Ausbildungsstätten und Berufsschulen könnten bei der breiten Grundausbildung eine wichtige Rolle spielen. Um sicherzustellen, dass die Auszubildenden aktuelles Wissen lernen, sollten – analog zur allgemeinen Schulbildung – Anreize für die regelmäßige Fortbildung von Berufsschullehrern geschaffen werden.

Erläuterung

Dass die allgemeine Grundausbildung einer Spezialisierung vorzuziehen ist, ergibt sich aus den folgenden Überlegungen: Die Intensivierung des intraindustriellen Handels und die Globalisierung der Unternehmensstrukturen sowie die stets kürzer werdenden Produktzyklen verlangen eine besondere qualifikatorische Flexibilität von den Arbeitnehmern. Im Zuge der immer rascheren Entwertung spezifischen Humankapitals kommt der allgemeinen Grundausbildung als Voraussetzung für eine stetige Wissenserneuerung und eine qualifikatorische Flexibilität der Arbeitnehmer wieder eine größere Bedeutung zu als der engen beruflichen Spezialisierung. Und weil der rasche technologische Wandel die Amortisationsperioden der beruflichen Ausbildungsinvestitionen verkürzt, sinkt die Bereitschaft bei Arbeitnehmern und Unternehmern, Investitionen in eine hoch spezialisierte berufliche Erstausbildung vorzunehmen.

Die Spezialisierung auf ein relativ enges Spektrum an Qualifikationen und Fähigkeiten erschwert darüber hinaus die Einführung moderner Formen der Arbeitsorganisation, die eine Befähigung zur berufsfeldübergreifenden Kommunikation und Aufgabenintegration nahe legen. Schließlich bergen die im deutschen System der beruflichen Bildung angelegte frühzeitige Festlegung auf ein relativ eng definiertes Bündel an Kompetenzen und die damit verbundenen Einkommens- und Statusansprüche die Gefahr, dass sich Widerstand gegen den notwendigen technologischen Wandel formiert, da dieser mit einer zumindest partiellen Entwertung beruflicher Erstqualifikationen einhergeht. Es ist daher nicht auszuschließen, dass das Ausbildungssystem eine wesentlich Ursache für die technologische „Nischenstrategie" deutscher Unternehmen darstellt. Dies äußert sich in einer starken Betonung kleiner Innovationen auf der Grundlage traditioneller Basistechnologien und in einer relativen Schwäche im Bereich der Hochtechnologie, in dem zuweilen größere Sprünge notwendig sind (Klodt, Stehn et al. 1994).

Die deutsche Bildungspolitik sollte sich unter diesen Bedingungen verstärkt der Frage widmen, inwieweit die Intensivierung der inter- und intraindustriellen Arbeitsteilung – bei allen Vorteilen, die das duale Ausbildungssystem im internationalen Vergleich aufweist – eine stärkere Konzentration auf die Vermittlung allgemeiner, berufsfeldübergreifender Lehrinhalte und eine weitere Verringerung der Anzahl der zugelassenen Berufe erfordert. Eine dem technologischen Wandel angepasste berufliche Ausbildung verringert das Risiko einer Spezialisierungsfalle, vermeidet die hohen Kosten einer Umschulung und erhöht gleichzeitig das Mobilitätspotential der Arbeitnehmer. Die Unternehmen können viel schneller auf Markt- und Technologieveränderungen reagieren.

5.6 Zur Hochschulpolitik

These

Die staatlichen Hochschulen stehen gegenwärtig vor einem Nachfrageüberschuss bei Studienplätzen, der mittelfristig sogar weiter ansteigen dürfte. Er könnte zügig abgebaut werden, sofern die Hochschulen ihre Plätze ausschließlich an die Bewerber mit der höchsten Qualifikation vergeben würden. Zu diesem Zweck müssten die Schulabschlüsse – unabhängig davon, wo sie in Deutschland (oder im Ausland) erworben wurden – angemessen bewertet werden. Die vielfältigen Bewertungsprobleme, mit denen ein dezentrales Schulwesen zu kämpfen hat, könnten nach dem Vorbild der privaten Hochschulen umgangen werden, indem Aufnahmeprüfungen eingeführt werden. An den staatlichen Hochschulen sollten auch Bewerber ohne traditionelle Hochschulreife zu den Aufnahmeprüfungen zugelassen werden. Den Hochschulen sollte die konkrete Ausgestaltung der Aufnahmeprüfung (Gespräche, Tests usw.) überlassen werden.

Erläuterung

Ungleichgewichte zwischen dem Angebot und der Nachfrage nach Ausbildungsplätzen gibt es nicht nur im Dualen System, sondern auch im Hochschulbereich, wo sich heute 1,8 und mittelfristig (etwa im Jahr 2008) sogar 2,3 Studierende einen Studienplatz teilen müssen.[45] Die Hochschulen haben mit einem hohen Nachfrageüberschuss zu kämpfen, der die natürliche Folge eines Systems ist, das Studienplätze zum Nulltarif anbietet und den Bewerbern im Wesentlichen nach Kriterien wie Wohnsitz und Wartezeit zuteilt. Der Ausgleich zwischen Angebot und Nachfrage könnte zum Beispiel durch die Vergabe von Studienplätzen ausschließlich nach der Qualifikation der Bewerber erreicht werden. Dies setzt die Entwicklung von leistungsorientierten Kriterien (Abiturnote, fachliche Veranlagung, mathematisch-naturwissenschaftliche oder humanistische oder kreative Neigungen, Sprachkenntnisse) und eine Abkehr vom herkömmlichen Verfahren der ZVS und der staatlichen Hochschulen voraus. Das heutige System dagegen führt einen einfachen Mengenabgleich durch (sind x Plätze vorhanden, müssen x Plätze vergeben werden) und geht davon aus, dass die Abiturabschlüsse verschiedener Schulen und Bundesländer nicht vergleichbar sind. Bewerber, die am Hochschulort wohnen, werden bevorzugt und Bewerber, die umzugsbereit sind und nicht an ihrem Wohnsitz studieren wollen, werden benachteiligt.

Private Hochschulen könnten hier als Vorbild für die staatlichen Hochschulen dienen: Sie bedienen sich eines leistungsorientierten Auswahlverfahrens – u.a.

---

[45] Die Zahl der Absolventen dürfte erst nach dem Jahr 2015 sinken.

mit Aufnahmeprüfung –, in dem die während des Verfahrens nachgewiesene Qualifikation der Bewerber im Vordergrund steht. Damit umgehen sie die Bewertungsprobleme, die ein dezentrales Schulwesen aufwirft, und sind besser als staatliche Hochschulen imstande, ausländische Bewerber zu beurteilen. Anders als die privaten Hochschulen könnten staatliche Hochschulen darüber hinaus Bewerber für das Aufnahmeverfahren zulassen, die keine Hochschulreife im traditionellen Sinne vorzuweisen haben. Auch die von einigen Hochschulen praktizierte Probezeit für Nichtabiturienten könnte infrage kommen; sie wäre jedoch als Ausleseinstrument einem gründlichen Auswahlverfahren unterlegen. Den Hochschulen müsste ferner das Recht eingeräumt werden, die Modalitäten des Auswahlverfahrens festzulegen.[46]

In der letzten Novellierung des Hochschulrahmengesetzes (HRG) werden die Mängel des gegenwärtigen Zulassungsverfahrens an staatlichen Hochschulen anerkannt. So ist erstmals die Einführung einer Leistungsquote für bis zu 25 Prozent der Studienplätze vorgesehen, die sich auf die von den Hochschulen im Ortsverteilungsverfahren (keine bundesweite Beschränkungen) zu vergebenden Plätze bezieht (§ 31 (2) HRG). Dabei sollen Bewerber mit den besten Abiturnoten, die nicht im Einzugsbereich der Hochschule wohnen, den Wohnsitz-Bewerbern vorgezogen werden. Darüber hinaus wird den Hochschulen das Recht eingeräumt, 20 Prozent der Studienplätze in Numerus-clausus-Fächern selbst zu vergeben, und zwar nach Kriterien wie Eignung, Motivation und Erfüllung von studiengangsspezifischen Anforderungen (§ 32(3)2b HRG). Wenngleich dies als Fortschritt gegenüber dem bestehenden System zu werten ist, muss darauf hingewiesen werden, dass

- immer noch 75 Prozent der Plätze im Ortsverteilungsverfahren und 80 Prozent der Numerus-clausus-Plätze im Wesentlichen nach dem Wohnsitz und der Wartezeit der Bewerber vergeben werden sollen und deshalb eine Auswahl der Studierenden nach ihrer Qualifikation an den staatlichen Hochschulen weiterhin die Ausnahme bleiben wird,
- eine angemessene Bewertung von Schulabschlüssen verschiedener Schulen und Bundesländern nicht stattfinden soll und
- Aufnahmeverfahren wie in den privaten Hochschulen nicht vorgesehen sind.

Am Hochschulstandort Deutschland hat sich in den vergangenen 10 bis 15 Jahren viel geändert. Das traditionelle Angebot ist durch Fernstudiengänge er-

46 In den Vereinigten Staaten wird seit vielen Jahren und sehr erfolgreich eine bundesweite Aufnahmeprüfung, die für alle Fächer gilt, durchgeführt (Scholastic Aptitude Test (SAT)). Empirische Untersuchungen zeigen, dass die Ergebnisse des SAT mit den Examensnoten und den späteren Gehältern von Hochschulabsolventen eng korrelieren (Barro 2001).

weitert worden, und in jüngster Zeit wird verschiedentlich daran gearbeitet, Studienmöglichkeiten im Internet zu eröffnen (virtuelles Studium). Eine wachsende Zahl von Hochschulen (vor allem Fachhochschulen) bietet international ausgerichtete Studiengänge an, bei denen eine Mindestanzahl von Semestern an einer ausländischen Partnerhochschule verbracht werden muss. In einigen Fällen können die Studierenden einen doppelten Abschluss erwerben – einen deutschen und einen ausländischen. An den Universitäten sind Graduiertenkollegs entstanden, in denen einzelne Wissensgebiete vertieft und zum Teil in fremden Sprachen gelehrt und geprüft werden.

Obgleich an einigen Universitäten Dissertationen eingereicht werden können, die in Fremdsprachen verfasst sind, bleibt der internationale Bekanntheitsgrad und die Akzeptanz deutscher Abschlüsse im Ausland problematisch. Dies bezieht sich hauptsächlich auf Diplom-Studiengänge und auf die Staatsexamina (Lehramt, Medizin, Rechtswissenschaften) und in geringerem Umfang auf den Magisterabschluss. Auch die Aufteilung der Hochschulen in Fachhochschulen und Universitäten, wobei beide Hochschularten befugt sind, den Diplomgrad zu verleihen, stiftet viel Verwirrung im Ausland. Die in § 19 HRG enthaltene Regelung, den Fachhochschulen und Universitäten die Einführung der international weit verbreiteten Bachelor- und Mastergrade zu gestatten, ist zu begrüßen. Ein Bachelor-Abschluss, der innerhalb eines Zeitraums von zwei bis drei Jahren erworben werden kann, bietet vielen Abiturienten die Möglichkeit, Kurzstudiengänge zu belegen und einen frühen Berufseinstieg (im Alter von etwa 22 oder 23 Jahren[47]) zu wagen; die Attraktivität eines Hochschulstudiums dürfte dadurch zunehmen. Allerdings bleiben das Verhältnis der neuen zu den alten Abschlüssen und der Unterschied zwischen Universitäts- und Fachhochschulabschlüssen – die Hierarchie der Abschlüsse – weiterhin ungeklärt. Verbindliche Angaben zur relativen Güte einzelner Abschlüsse wären deshalb angezeigt, weil die alten Abschlüsse parallel zu den neuen weiter verliehen werden dürfen. Darüber hinaus sieht das HRG in § 15(3) ein Leistungspunktsystem (Credit Point System) vor, das einerseits die nationale und internationale Mobilität der Studierenden fördert und andererseits die Bachelor- und Mastergrade aufwertet.

---

47 Im Falle einer Abschaffung/Einschränkung des Wehrdienstes und einer Verringerung des Einschulungsalters und der Ausbildungsdauer bis zum Abitur sind weitere Zeitgewinne zu erwarten.

5.7 Zur Hochschulfinanzierung

These

Staatliche Hochschulen müssen ihre Haushaltsmittel effizienter verwalten und neue Finanzierungsquellen erschließen. Um eine effizientere Mittelverwendung zu gewährleisten, müssten sie eine höhere Autonomie bei der Mittelverwaltung erlangen, eine kaufmännische Kostenrechnung und Buchführung einführen sowie bei ihrer Personalpolitik von den Zwängen des öffentlichen Dienstes befreit werden. Auch die regionale Spezialisierung der Hochschulen auf einzelne Schwerpunkte (Medizin, Wirtschaft, Technik usw.) könnte die Mitteleffizienz erhöhen. Auf der Suche nach neuen Finanzierungsquellen sollten sich die staatliche Hochschulen stärker als bisher am internationalen Wettbewerb um Drittmittel beteiligen. Zudem könnten Studiengebühren, die nach einzelnen Studiengängen differenziert sein müssten, etwa ein Drittel des Finanzierungsbedarfes der staatlichen Hochschulen decken. Die Chancengleichheit beim Hochschulzugang sollte mit Hilfe von flankierenden Maßnahmen (Stipendien, Bildungssparen, Bürgschaften usw.) garantiert werden. Zusätzliche Einnahmen aus Studiengebühren könnten z.B. bei der wissenschaftlichen Weiterbildung von Hochschulabsolventen erzielt werden. Die Weiterbildungskomponente der Hochschulbildung dürfte in Zukunft ebenso an Bedeutung gewinnen wie die Nachfrage nach Fernstudien (virtuelle Hochschule).

Erläuterung

Strukturelle Schwächen des deutschen Hochschulsystems zeigen sich auch auf dem Gebiet der Finanzierung, das aus Gründen, die mit der Verfassung der öffentlichen Finanzen in Verbindung stehen, gegenwärtig in den Mittelpunkt der Hochschulpolitik gerückt ist.[48] Bereits die Aufrechterhaltung der vorhandenen Hochschulkapazitäten im Sinne der mittelfristigen Qualifikationsprognosen hätte erhebliche finanzielle Konsequenzen für die Länderhaushalte. Überdies müsste auch bei der Lösung des (mittelfristig fortbestehenden) Überlastungsproblems mit finanziellen Belastungen gerechnet werden, insbesondere wenn eine Einschränkung der Zulassungszahlen an den staatlichen Hochschulen bildungspolitisch nicht in Frage käme; in diesem Fall müssten die vorhandenen Kapazitäten (auch die personellen) ausgebaut werden. Das HRG fordert in § 5 eine leistungsorientierte Hochschulfinanzierung. Demnach soll die Zuweisung staatlicher Mittel nicht weiter allein nach politischen Vorgaben erfolgen. Sie soll künftig von

---

48 So auch das Karl-Bräuer-Institut des Bundes der Steuerzahler (1998), der Sachverständigenrat zur Begutachtung der gesamtwirtschaftlichen Entwicklung (1999) und die Monopolkommission (2000).

den Leistungen abhängig gemacht werden, die in Lehre und Forschung, bei der Förderung des wissenschaftlichen Nachwuchses und der Gleichstellung von Männern und Frauen erbracht werden. Dabei wird anerkannt, dass das bisherige System der Haushaltszuweisungen nicht aufrechterhalten werden kann. Jedoch sollen weder die Abhängigkeit der Hochschulen vom Staatshaushalt verringert noch Anreize für eine effizientere Mittelverwendung geschaffen werden.

Eine effizientere Mittelverwendung kann auch mit Hilfe einer gestiegenen Finanzautonomie, etwa in Form eines Globalhaushalts, der der einzelnen Hochschule mehr Freiheit bei der internen Ressourcenallokation einräumt, kaum erreicht werden, zumindest solange nicht, wie die Personalausgaben aus dem Globalhaushalt ausgenommen sind und die Mittelverwaltung und -verwendung weiterhin den kameralistischen Prinzipien unterliegen. Eine parallele Bewirtschaftung der Mittel nach kaufmännischen Gesichtspunkten, wie sie an einigen staatlichen Hochschulen längst praktiziert wird, ist allenfalls als Referenzsystem von Nutzen. Um eine nennenswerte Effizienzsteigerung erreichen zu können, müsste die kaufmännische Rechnungslegung als Grundlage für Personal- und Sachentscheidungen zugelassen sein, das heißt, sie müsste die kameralistische Rechnungslegung in vollem Umfang ersetzen. Dies wäre jedoch mit der gegenwärtigen Rechtsform staatlicher Hochschulen (nichtselbstständige Anstalten des öffentlichen Rechts) unvereinbar. Das deutsche Stiftungsrecht böte hingegen die Möglichkeit, den öffentlich-rechtlichen Status der staatlichen Hochschulen zu erhalten und gleichzeitig eine kaufmännische Kostenrechnung und moderne Managementmethoden einzuführen.

Des Weiteren sind für eine verbesserte Mittelverwendung organisatorische Maßnahmen notwendig. Die Schaffung von einschlägigen Anreizen und möglicherweise eine Trennung der Verwaltungsfunktion von den akademischen Funktionen könnten dabei behilflich sein. Sofern eine Professionalisierung des Hochschulmanagements in Form einer Aufwertung der Stellung von Rektoren, Dekanen und Kanzlern im Rahmen der kollegialen Führung in der Gremienhochschule rechtlich möglich ist, würde ein leistungsbezogenes System monetärer Anreize (und Sanktionen) für diesen Personenkreis für eine höhere Effizienz sorgen. Doch auch hierfür müsste die Rechtsform der Hochschulen geändert werden.

Mehr Effizienz bei der Mittelverwendung kann auch von einer stärkeren regionalen Spezialisierung der Hochschulen erwartet werden. Wird die Anzahl der Fakultäten (nicht der Studiengänge) verringert, so könnte die Verwaltung besser auf den Schwerpunkt der jeweiligen Hochschule zugeschnitten werden.

Angesichts der Entwicklung der Haushalte von Bund und Ländern ist künftig nicht mit höheren, sondern vielmehr mit niedrigeren Haushaltszuweisungen an die Hochschulen zu rechnen. Daher wird die Einwerbung von Drittmitteln für die Hochschulen ein größeres Gewicht als in der Vergangenheit erlangen. In diesem Zusammenhang sind höhere Forschungsmittel anzustreben, die durch Einnahmen aus der wissenschaftlichen Weiterbildung ergänzt werden könnten. Monetäre Anreize für die Forschungs- bzw. Lehrkräfte könnten in beiden Fällen hilfreich sein, um den Drittmittelanteil zügig zu erhöhen. Ein weiteres Instrument, das dazu geeignet wäre, den Hochschulen weitere Einnahmen zu sichern, sind Studiengebühren.

Eine Beteiligung der Studierenden an den Kosten ihrer Ausbildung wird von vielen Seiten gefordert. Dieses Instrument findet seine Rechtfertigung darin, dass die Hochschulausbildung (nicht die wissenschaftliche Forschung) die Merkmale eines privaten Gutes im Sinne der finanzwissenschaftlichen Kriterien besitzt. Außerdem erzielen die Studierenden nach Abschluss ihrer Ausbildung in der Regel ein Einkommen, das höher als das Einkommen von Personen ohne Hochschulausbildung ist; Akademiker können die Erträge ihrer Ausbildung in der Regel internalisieren. Daher wäre eine Beteiligung der Studierenden an den Kosten ihres Studiums ökonomisch sinnvoll. Bei der Gestaltung der Studiengebühren sind Gebühren, die nach Studiengängen differenzieren, einheitlichen Gebühren vorzuziehen. Dies würde die Kostenlast auf die Studierenden und den Staat so verteilen, dass die jeweiligen Finanzierungsanteile bei allen Studiengängen gleich hoch wären (z.B. Studierende ein Drittel und der Staat zwei Drittel). Im Falle einheitlicher Gebühren müsste der Staatsanteil bei den materialintensiven Studiengängen (Medizin, Ingenieurwissenschaften usw.) am größten sein. Dies würde dann gerechtfertigt sein, wenn der Staat eine Präferenz für materialintensive Studiengänge hätte und deshalb die materialintensiven Studiengänge stärker als die übrigen Studiengänge subventionieren würde. Für eine Ungleichbehandlung einzelner Studiengänge, insbesondere für eine Benachteiligung von Studiengängen, die weniger Material in Anspruch nehmen, besteht aber kein Anlass.

Unerwünschte verteilungspolitische Auswirkungen von Studiengebühren ließen sich über flankierende Maßnahmen vermeiden. Die eher kleine Gruppe der Bafög-Berechtigten könnte von Studiengebühren befreit werden; möglicherweise müsste der Kreis der Bafög-Empfänger um andere Stipendienempfänger erweitert werden. Für den größten Teil der Studierenden dürften Finanzierungsinstrumente ausreichend sein, die weitgehend ohne Subventionsanteil auskommen. In diesem Zusammenhang wird eine Reihe von Modellen diskutiert, darunter die Schaffung eines Darlehenssystems, an dem sich private Banken beteiligen, die über eine staatliche Bürgschaft gegen mögliche Ausfälle abgesichert werden. Denkbar wären auch andere Instrumente, zum Beispiel das Bildungssparen (in Analogie zum Bausparen) und Bildungsversicherungen (in Analogie zur Lebensversicherung). Die zuletzt genannten Instrumente setzen voraus, dass die Eltern zum Zeitpunkt der Geburt ihres Kindes einen Bildungssparvertrag bzw. eine Bildungsversicherung abschließen, die zum Zeitpunkt der Studienaufnahme ausgezahlt werden. Eine Diversifizierung der Finanzierungsinstrumente für einzelne Studierende bzw. deren Familien würde für Familien aller Einkommensklassen attraktiv sein.

Vor allem würde hierdurch der Gedanke der Humankapitalbildung, der individuellen Bildungsinvestition also, wieder stärker in den Vordergrund treten, der in Deutschland an Bedeutung verloren hat.

Werden Studiengebühren an staatlichen Hochschulen mit Aufnahmeverfahren verbunden, kommt den Studiengebühren keine Lenkungsfunktion zu; das Aufnahmeverfahren allein bestimmt, welche Bewerber einen Studienplatz erhalten. Erst nach Abschluss des Aufnahmeverfahrens stellt sich die Frage nach der Studienfinanzierung, die unter Zuhilfenahme der oben erwähnten flankierenden Maßnahmen von Fall zu Fall beantwortet werden muss.

Alternative Finanzierungsmodelle, die in jüngster Zeit diskutiert worden sind, beinhalten Studienkonten, die – analog zu Gutscheinen – dem einzelnen Studierenden bis zum ersten berufsbefähigenden Abschluss eingeräumt werden. Nach Ablauf der in den Konten bzw. Gutscheinen vorgesehenen Anzahl von Semestern oder Leistungen muss sich der Studierende auf die Zahlung von Studiengebühren einrichten. Mit solchen Instrumenten könnte allenfalls die Studiendauer beeinflusst werden, und die ohnehin in Lehrveranstaltungen präsenten Langzeitstudenten würden zur Exmatrikulation veranlasst. Auf die Haushalte der Hochschulen dagegen hätten Studienkonten kaum Einfluss, weshalb sie im Kern nicht als Finanzierungsmodelle bezeichnet werden sollten.

Die Hochschulen werden künftig zusätzliche Einnahmen aus der wissenschaftlichen Weiterbildung von Hochschulabsolventen erzielen können. Dieser Bildungsbereich lässt hohe Zuwachsraten erwarten, da der technische Fortschritt die Akademiker ebenso wie andere Berufstätige dazu zwingt, sich dem lebenslangen Lernen nicht zu verschließen. Die akademische Weiterbildung könnte in den Semesterferien, am Wochenende oder in den Abendstunden stattfinden, wenn die Hochschuleinrichtungen von den traditionellen Studiengängen nicht beansprucht werden. Darüber hinaus wird die Nachfrage nach Fernstudiengängen im Sinne der (computer- und internetgestützten) virtuellen Hochschule zunehmen, die ebenfalls gegen Studiengebühren angeboten werden sollten. Beim Lehrpersonal dürften im Bereich der akademischen Weiterbildung Neueinstellungen erforderlich werden.

5.8 Der Faktor Zeit

These

Kürzere Lebenszyklen für neues technisches Wissen erhöhen das Obsoleszenzrisiko von Bildung. Um das Produktivitätspotential einer schrumpfenden und alternden Bevölkerung vor diesem Hintergrund am besten ausschöpfen zu können, müsste die Verweildauer der Jüngeren in der ersten Bildungsphase verkürzt und das Konzept des lebenslangen, berufsbegleitenden Lernens gestärkt werden. Eine Straffung der Grundbildung könnte etwa erreicht werden durch eine Aufwertung der Phase der Vorschulerziehung, in der die Weichen für den Erfolg oder Misserfolg der ersten Bildungsphase gestellt werden. Eine erfolgreiche erste Bildungsphase stellt freilich noch keine Garantie für den Verbleib in einem Beschäftigungsverhältnis dar. Die Berufstätigen aller Qualifikationsstufen müssen ihr Wissen in mehr oder weniger regelmäßigen Abständen im Rahmen von betrieblichen und außerbetrieblichen Weiterbildungsveranstaltungen aktualisieren (lebenslanges Lernen). Jedoch setzt dies einen tiefen Strukturwandel im Bildungssystem voraus: Durch die Aufwertung der informellen Vorschulerziehung, die Verkürzung der ersten formellen Bildungsphase und den Ausbau der akademischen und nichtakademischen Weiterbildung könnte das gesamte Bildungssystem besser an die Erfordernisse der demographischen und technologischen Entwicklung angepasst werden.

Erläuterung

In einer sich schnell verändernden Weltwirtschaft, in der das neue technische Wissen einem stets kürzer werdenden Lebenszyklus unterliegt, steigt die Wahrscheinlichkeit, dass das gelernte Wissen in wenigen Jahren obsolet wird. Die meisten Erwerbstätigen werden künftig im Laufe ihres Lebens mehr als nur eine Lernphase benötigen, um im Arbeitsprozess verbleiben zu können. Was zählt, ist die permanente Lernbereitschaft der Arbeitskräfte. Die Lernphasen müssten auf die gesamte aktive Lebenszeit der Arbeitskräfte verteilt und die Verweildauer in der ersten Lernphase verkürzt werden. Das Lernen in den ersten Jahren müsste dabei auf die Aufnahme des Wissens in späteren Jahren vorbereiten – nicht Spezialwissen, sondern vor allem Lerntechniken und Orientierungswissen sollten in der ersten Lernphase vermittelt werden. In diesem Zusammenhang müsste die Vorschulerziehung aufgewertet werden, in der die Weichen für den Erfolg oder Misserfolg der ersten formellen Lernphase gestellt werden.

Das Produktivitätspotential einer schrumpfenden und alternden Bevölkerung kann am besten ausgeschöpft werden, wenn die Qualifikationsunterschiede zwischen den Jüngeren und den Älteren möglichst gering gehalten werden. Das neue Wissen müsste im Rahmen der Weiterbildung an die Berufstätigen weitergegeben werden. Dies erfordert einen tiefen Strukturwandel im Bildungssystem zugunsten des lebenslangen Lernens durch betriebliche und außerbetriebliche Weiterbildung. An der Bereitstellung von Weiterbildungsangeboten müssten sich die Betriebe und die Bildungseinrichtungen beteiligen (allgemein bildende und berufliche Schulen ebenso wie die Hochschulen, und zwar unabhängig von ihrer Trägerschaft).

In Deutschland findet ein ökonomisch sinnvoller Umgang mit dem knappen Gut Zeit nicht statt: Die Lernphasen, die vor Eintritt in das Berufsleben durchlaufen werden, sind im internationalen Vergleich viel zu lang, und ein großer Teil der Absolventen des Bildungssystems sammelt erst relativ spät erste Berufserfahrungen. Darüber hinaus sind die Fort- und Weiterbildungsangebote der Betriebe und Bildungseinrichtungen häufig unzureichend. Ein niedrigeres Einschulungsalter und die Möglichkeit, innerhalb von zwölf Jahren zum Abitur zu gelangen, wären Schritte in die richtige Richtung. Auch die Einführung von Studiengebühren für das Erststudium wie für weitere Studien an den Hochschulen dürfte sich auf die Verweildauer der Studierenden auswirken. Ferner sollten alle Bildungseinrichtungen ihr Lehrangebot an die Erfordernisse des lebenslangen Lernens anpassen. So könnten etwa die Hochschulen in regelmäßigen Abständen das Wissen der Hochschulabsolventen (gegen Gebühren) aktualisieren helfen. Dies setzt aber die Bereitschaft voraus, einen Strukturwandel zu vollziehen, der dazu führt, dass einigen Bereichen (Vorschule) mehr Aufmerksamkeit geschenkt, die Verweildauer der Lernenden in anderen Bereichen stärker gestrafft (Schule, Hochschule) und die Weiterbildung kräftig ausgebaut wird. So können die demographischen Prozesse und der beschleunigte technische Fortschritt besser bewältigt werden. Würde man auf den Strukturwandel zugunsten der Weiterbildung verzichten, müssten die herkömmlichen Bildungsangebote eingeschränkt werden. Allein der Strukturwandel eröffnet dem Bildungssystem die Möglichkeit, die vorhandenen Kapazitäten nachhaltig auszulasten und neue Wachstumschancen zu nutzen.

5.9 Zur Wirkung von Bildungsausgaben

These

Bildungsausgaben korrelieren mit Aufwandsindikatoren, vor allem mit der Höhe der Lehrergehälter und der Anzahl der Unterrichtsstunden. Auf die Ergebnisse des Bildungssystems in Gestalt der Qualität von Schülerleistungen haben Bildungsausgaben jedoch – wie zahlreiche empirische Studien belegen – im internationalen Länderquerschnitt keinen signifikanten Einfluss. Das heißt nicht, dass Bildungsausgaben für die Bereitstellung eines angemessenen Bildungsangebotes keine Berechtigung haben. Was daraus folgt, ist vielmehr, dass eine nennenswerte Verbesserung der Qualität der Bildungsergebnisse offenbar sowohl mit relativ hohen wie mit im internationalen Vergleich eher durchschnittlichen Bildungsausgaben erreicht werden kann und dass sich eine Erhöhung der Bildungsausgaben nicht notwendigerweise in einer proportional höheren Qualität der Schülerleistungen niederschlagen muss.

Erläuterung

In der Bildungsdebatte wird vielfach eine drastische Erhöhung der Bildungsausgaben gefordert mit dem Ziel, die Ergebnisse des Bildungssystems zu verbessern und etwaige Missstände zu beheben. Dieser Forderung liegt die Hypothese zugrunde, dass ein enger (positiver) Zusammenhang zwischen der Höhe der Bildungsausgaben einerseits und den Indikatoren für die Qualität der Ergebnisse des Bildungssystems andererseits nachgewiesen werden kann. Ökonometrische Länderquerschnittsanalysen deuten darauf hin, dass Bildungsausgaben mit Aufwandsindikatoren, vor allem mit der Höhe der Lehrergehälter, der Anzahl der Unterrichtsstunden und dem Umfang der Bildungsbeteiligung, korrelieren. Auf die Ergebnisse des Bildungssystems in Gestalt der Qualität von Schülerleistungen haben die Bildungsausgaben keinen Einfluss (vgl. Kapitel 4). Daraus folgt allerdings nicht, dass die Bildungsausgaben für die Bereitstellung eines angemessenen Bildungsangebotes keine Berechtigung haben. Was daraus folgt, ist vielmehr, dass eine nennenswerte Verbesserung der Qualität der Bildungsergebnisse nicht notwendigerweise mit einer Erhöhung der Bildungsausgaben verbunden ist. Mindestens ebenso wichtig wie der finanzielle Input in das Bildungswesen sind offenbar seine institutionelle Ausgestaltung sowie die wirtschaftlichen Rahmenbedingungen für die Akkumulation von Humankapital.

5.10 Zum Wachstumseffekt von Bildung

These

Bildung wirkt sich quantitativ und qualitativ positiv auf das gesamtwirtschaftliche Wachstum einer Volkswirtschaft aus. Der höchste Wachstumsbeitrag kann nicht der Sachkapitalbildung, sondern der Bildungsqualität zugeschrieben werden. Daher stellt eine qualitätsorientierte Bildungspolitik gleichzeitig Wachstums- und Standortpolitik dar. Qualitätsverbesserungen müssten insbesondere in der allgemeinen Schulbildung und in der Hochschulbildung erzielt werden.

Erläuterung

Das bildungspolitische Instrumentarium, vor allem strukturelle Maßnahmen zur qualitativen Verbesserung der Ergebnisse des Bildungssystems, hat große Relevanz für die Wirtschaftspolitik. Die Hypothese, dass sich die Quantität von Bildung auf das gesamtwirtschaftliche Wachstum auswirkt, findet breite empirische Unterstützung. Von den drei Bildungsphasen (Primarschul-, Sekundarschul- und tertiäre Ausbildung) gehen zum Teil erhebliche Wachstumswirkungen aus, nicht nur für Länder mit niedrigem Pro-Kopf-Einkommen, sondern auch für die Länder mit den höchsten Pro-Kopf-Einkommen (vgl. Kapitel 4). Jedoch übersteigt der Beitrag, den die Qualität von Bildung zur Erklärung von internationalen Unterschieden in den Wachstumsraten des Pro-Kopf-Einkommens leistet, den der Quantität (so auch Barro 2000 sowie Hanushek und Kimbo 2000). Daher stellt eine Bildungspolitik, die auf die Qualität der Bildungsergebnisse ausgerichtet ist, gleichzeitig Wachstums- und Standortsicherungspolitik dar. Der qualitätsorientierten Bildungspolitik fällt eine besondere Verantwortung für die langfristige wirtschaftliche Entwicklung von Wirtschaftsstandorten zu. Um die Bildungsqualität zu verbessern, müssen z.B. in den einzelnen Segmenten des Bildungssystems, vor allem in der allgemeinen Schulbildung und in der Hochschulbildung, international vertretbare Leistungsstandards umgesetzt und einer regelmäßigen Leistungskontrolle unterzogen werden. Auch mehr Wettbewerb zwischen den Bildungseinrichtungen kann das durchschnittliche Leistungsniveau positiv beeinflussen.

Anhang

Tabelle A1: Entwicklung der durchschnittlichen Arbeitsproduktivität in OECD-Ländern (Prozent)[a]

Land	1960–1973	1973–1979	1979–1997
Australien	3,0	2,5	1,5
Belgien	5,2	2,7	1,9
Dänemark	3,9	2,3	2,1
Deutschland[b]	4,5	3,1	2,2
Finnland	5,0	3,2	3,5
Frankreich	5,3	2,9	2,2
Griechenland	9,0	3,4	0,7
Irland	4,8	4,3	4,1
Italien	6,4	2,8	2,0
Japan	8,4	2,8	2,3
Kanada	2,5	1,1	1,0
Neuseeland	2,1	–1,1	1,3
Niederlande	4,8	2,6	1,5
Norwegen	3,8	2,7	1,8
Österreich	5,9	3,1	2,3
Portugal	7,5	0,5	2,4
Spanien	5,9	2,8	2,7
Schweden	3,7	1,4	2,0
Schweiz	3,3	0,8	0,6
Vereinigte Staaten	2,6	0,3	0,9
Vereinigtes Königreich	4,0	1,6	2,0
Durchschnitt der Länder	4,6	1,7	1,7
Durchschnitt der EU-Länder	5,4	2,5	2,2

[a]Output je Beschäftigten in der privaten Wirtschaft; durchschnittliche Veränderungsraten. — [b]1960–1973, 1973–1979 und 1979–1991: Westdeutschland.

Quelle: OECD, *Wirtschaftsausblick* (Dezember 1998: Tabelle 59 im Anhang).

Tabelle A2: Standardisierte Arbeitslosenquoten 1956–1998 für OECD-Länder (Prozent)

Land	1956–1966	1967–1974	1975–1979	1980–1985	1986–1990	1991–1996	1997–1998
Australien	2,2	2,1	5,5	7,7	7,3	9,7	8,3
Belgien	2,6	2,6	7,0	10,3	8,7	8,8	9,5
Dänemark	2,3	1,3	6,5	9,2	6,4	8,4	5,4
Deutschland[a]	1,4	1,1	3,5	5,6	5,9	7,0	9,7
Finnland	1,6	2,5	5,1	5,9	4,5	14,2	12,0
Frankreich	1,5	2,5	4,9	8,1	9,7	11,3	12,0
Griechenland	5,1	3,7	1,9	6,1	7,0	9,3	10,2[b]
Irland	5,4	5,6	7,0	12,5	15,5	14,0	8,9
Italien	6,5	5,6	6,8	7,1	9,6	10,6	12,0
Japan	1,7	1,3	2,0	2,4	2,5	2,7	3,8
Kanada	4,9	5,2	7,5	10,0	8,4	10,4	8,8
Neuseeland	0,1	0,3	1,0	4,1	5,7	8,4	7,0
Niederlande	1,2	2,2	5,3	8,1	7,4	6,4	4,6
Norwegen	2,3	1,7	1,9	2,6	3,5	5,5	3,7
Österreich	2,4	1,5	1,9	3,2	3,4	3,9	4,6
Portugal	2,5	2,4	6,8	7,9	6,1	5,9	5,9
Spanien	2,1	2,7	5,8	6,4	18,9	21,1	19,8
Schweden	1,7	2,2	1,9	3,1	2,1	8,0	9,1
Schweiz	0,1	0,0	0,4	0,6	0,6	3,2	4,2[c]
Vereinigte Staaten	5,0	4,6	6,9	8,1	5,9	6,4	4,7
Vereinigtes Königreich	2,5	3,4	5,8	10,1	9,0	9,3	6,7
Durchschnitt	2,6	2,6	4,5	6,6	7,1	8,8	8,1

[a]Bis 1992 nur Westdeutschland. — [b]Nichtstandardisierte Quote für 1997–1998. — [c]Standardisierte Quote nur für 1997 verfügbar.

Quelle: Bierhanzl und Gwartney (1998: 41 [Tabelle 1]); OECD, *Wirtschaftsausblick* (Juni 1999); eigene Berechnungen.

Tabelle A3: Demographische Entwicklung Deutschlands 1995–2040

	Modellrechnung I A[a]			Modellrechnung I B[a]		
	Gesamt-bevölkerung	Altersstufe 5–29		Gesamt-bevölkerung	Altersstufe 5–29	
	in 1 000	in 1 000	Prozent[b]	in 1 000	in 1 000	Prozent[b]
1995	81 549,7	25 319,4	31,0	81 549,7	25 319,4	31,0
2000	82 181,6	23 323,2	28,4	82 646,9	23 549,0	28,5
2005	81 777,4	22 373,9	27,4	82 789,7	22 809,9	27,6
2010	81 035,5	21 671,4	26,7	82 623,0	22 277,9	27,0
2015	79 864,2	20 339,6	25,5	82 050,4	21 112,1	25,7
2020	78 444,6	18 794,9	24,0	81 243,1	19 735,8	24,3
2025	76 567,2	17 515,6	22,9	79 986,2	18 620,6	23,3
2030	74 347,3	16 559,0	22,3	78 392,7	17 814,0	22,7
2035	71 740,4	15 751,3	22,0	76 412,9	17 143,5	22,4
2040	68 800,2	14 957,1	21,7	74 090,3	16 477,3	22,2

[a]Modellrechnungen des Statistischen Bundesamts (aktuelle, unveröffentlichte Daten). Für beide Modellvarianten gelten folgende Prämissen: Die Lebenserwartung der Deutschen nimmt in den alten Bundesländern zunächst um 1 Jahr (1995–2005) und danach (2005–2030) um 2 Jahre zu; im Zeitraum 2030–2040 bleibt sie konstant. Die Lebenserwartung der Deutschen in den neuen Bundesländern folgt der Entwicklung in den alten Bundesländern mit einer Verzögerung von zunächst 15 Jahren und danach mit einer Verzögerung von 9 Jahren. Die Lebenserwartung der Ausländer wird als konstant angenommen. Für 1995–2000 wird mit einem Zuzug von 220 000 Aussiedlern p.a., für 2000–2005 mit einem Zuzug von 100 000 Aussiedlern p.a. und für 2006–2040 mit einer Abnahme der Zahl der Aussiedler von 100 000 (2005) auf 10 000 im Jahr 2040 gerechnet. In der Modellrechnung I A wird von einem Zuzug von 100 000 Ausländern p.a., in der Modellrechnung I B von einem Zuzug von 200 000 Ausländern p.a. ausgegangen. Daher werden in der ersten Modellrechnung Einbürgerungen von Ausländern im Zeitraum 1995–2039 in Höhe von insgesamt 4,1 Millionen unterstellt; in der zweiten Modellrechnung kommt es insgesamt zu 5 Millionen Einbürgerungen. — [b]In Prozent der Gesamtbevölkerung.

Quelle: Statistisches Bundesamt, unveröffentlichte Daten; eigene Berechnungen.

Tabelle A4: Entwicklung ausgewählter Altersgruppen in OECD-Ländern 1975–2010 (in Prozent der Gesamtbevölkerung)

Land	5–29 Jahre	5–14 Jahre				
	1995	1975	1985	1995	2005	2010
Nordamerika						
Kanada	35,2	18,5	14,1	13,5	12,5	11,4
Mexiko	54,1	28,2	28,0	23,9	20,5	19,1
Vereinigte Staaten	35,6	17,6	14,2	14,4	13,8	12,8
Pazifikstaaten						
Australien	37,2	18,4	15,8	14,3	13,8	13,3
Japan	33,5	15,4	15,3	11,5	9,9	10,2
Korea	44,7	25,1	20,9	16,4	13,9	13,3
Neuseeland	37,7	20,2	16,7	14,9	15,0	14,4
Europäische Union						
Österreich	33,4	16,7	12,2	11,7	11,2	10,2
Belgien	32,3	15,5	12,7	12,0	11,4	10,9
Dänemark	32,1	15,5	13,3	10,8	12,9	12,6
Finnland	32,0	15,6	12,8	12,6	12,2	11,5
Frankreich	34,7	16,1	14,3	13,4	11,8	11,1
Deutschland	31,1	16,0	10,7	11,2	9,8	9,1
Griechenland	34,7	16,2	14,4	12,1	9,9	10,1
Irland	41,8	20,3	19,7	17,5	13,1	12,8
Italien	32,6	16,4	14,2	10,2	9,3	8,9
Luxemburg	31,7	15,2	11,4	11,6	12,1	11,8
Niederlande	33,8	17,8	13,4	12,0	12,0	11,1
Portugal	36,4	18,9	16,3	12,4	11,2	11,0
Spanien	36,8	18,3	16,6	11,9	9,7	9,5
Schweden	31,7	14,0	12,4	12,0	12,6	11,7
Vereinigtes Königreich	34,7	16,3	12,9	13,2	12,2	11,6
Übrige OECD-Länder						
Tschechien	36,2	13,8	16,7	13,0	11,3	10,7
Ungarn	34,8	12,8	15,3	12,4	11,1	10,5
Island	39,3	20,2	17,4	16,0	15,3	14,7
Norwegen	34,1	16,1	13,9	12,4	13,3	12,8
Polen	38,3	15,6	16,3	16,5	12,1	11,8
Schweiz	31,8	15,7	11,8	11,6	11,3	10,5
Türkei	50,6	25,3	23,5	21,9	18,1	17,5
OECD-Durchschnitt	36,3	17,6	15,4	13,7	12,5	12,0

Quelle: OECD (1997c: 32 [Tabelle A1.1]).

Tabelle A5: Prognostizierte Entwicklung der Nachfrage nach Plätzen in den allgemein bildenden Schulen in Deutschland 1998–2015 (in 1 000)[a]

	Insgesamt	Kindergärten und Vorklassen	Grundschulen	Hauptschulen[b]	Realschulen	Gymnasien	Übrige[c]
1998	10 196	79	3 624	1 568	1 236	2 222	1 467
2000	10 152	76	3 416	1 612	1 251	2 272	1 525
2003	9 857	73	3 174	1 598	1 256	2 293	1 463
2005	9 544	72	3 094	1 561	1 232	2 251	1 334
2008	8 986	69	2 948	1 479	1 160	2 126	1 204
2010	8 683	68	2 853	1 421	1 114	2 042	1 185
2013	8 306	68	2 756	1 325	1 040	1 938	1 179
2015	8 105	67	2 723	1 266	989	1 877	1 183

[a]Prognose der Ständigen Konferenz der Kultusminister der Länder (KMK); gerundete Zahlen. — [b]Einschließlich der Orientierungsstufe. — [c]Integrierte Haupt- und Realschulen, Sonderschulen, integrierte Gesamtschulen, Freie Waldorfschulen, Abendschulen und Kollegs.

Quelle: Statistisches Bundesamt, *Bildung im Zahlenspiegel* (1999).

Tabelle A6: Prognostizierte Entwicklung der Nachfrage nach Plätzen in den beruflichen Schulen Deutschlands 1998–2015 (in 1 000)[a]

	Insgesamt	Berufsschulen[b]	Berufsaufbauschulen	Berufsfachschulen	Fachoberschulen	Fachgymnasien[c]	Berufs/-Technische Oberschulen	Fachschulen[d]
1998	2 579	1 790	3	358	84	183	4	157
2000	2 628	1 829	3	363	83	190	4	156
2003	2 713	1 886	3	379	85	199	4	156
2005	2 796	1 946	3	391	88	207	4	156
2008	2 754	1 914	4	378	88	209	4	155
2010	2 637	1 825	4	362	86	203	4	153
2013	2 492	1 716	3	341	81	193	4	153
2015	2 413	1 660	3	327	78	188	4	152

[a]Prognose der Ständigen Konferenz der Kultusminister der Länder (KMK); gerundete Zahlen. — [b]Einschließlich Berufsvorbereitungs- und Berufsgrundbildungsjahr. — [c]Einschließlich Kollegschulen (NRW). — [d]Einschließlich Fach- und Berufsakademien.

Quelle: Statistisches Bundesamt, *Bildung im Zahlenspiegel* (1999).

Tabelle A7: Prognostizierte Entwicklung der Nachfrage nach Studienplätzen an den Hochschulen und des Akademikerangebots in Deutschland 1998–2015 (in 1 000)[a]

Jahr	Berechtigte		Anfänger		Studierende		Absolventen[b]	
	FH	Uni	FH	Uni	FH	Uni	FH	Uni
1998	81	267	103–116	176–197	484–521	1341–1396	83	157
2000	83	293	110–124	190–212	519–585	1319–1409	80–84	142
2003	85	297	116–130	200–224	560–631	1333–1469	92–103	129–136
2005	88	306	118–133	204–228	578–651	1372–1533	98–110	128–143
2008	92	321	123–138	214–240	599–675	1444–1613	103–116	138–155
2010	90	299	119–134	210–235	606–682	1475–1648	105–119	143–160
2013	87	281	111–126	199–222	586–661	1472–1644	109–122	146–163
2015	85	278	109–123	195–218	569–641	1456–1626	106–119	148–165

[a]Prognose der Ständigen Konferenz der Kultusminister der Länder (KMK). — [b]Ohne Promotionen.

Quelle: Statistisches Bundesamt, *Bildung im Zahlenspiegel* (1997: 111).

Tabelle A8: Der Zusammenhang zwischen Arbeitslosigkeit und Bildungsstand in ausgewählten OECD-Ländern 1995 (Altersgruppe: 30–44 Jahre)

Land	Arbeitslosenquoten (nationales Konzept)[a]									
	Abschluss der Sekundarstufe II				Tertiärabschluss				alle Abschlüsse	
	nein		ja		Universität		übrige			
	M	F	M	F	M	F	M	F	M	F
Australien	11,5	6,6	5,9	6,1	2,9	3,6	4,5	5,4	7,0	5,8
Dänemark	12,1	14,2	6,0	7,5	4,4	3,1	4,6	4,0	8,2	9,1
Deutschland	13,3	12,6	5,9	9,1	4,2	5,2	3,3	6,7	6,3	9,0
Frankreich	14,2	19,8	7,4	12,2	5,5	7,5	4,1	5,3	8,1	12,5
Irland	17,7	21,1	6,3	9,0	3,1	2,8	4,2	4,8	11,2	10,9
Kanada	14,6	14,5	8,5	8,9	4,9	5,2	7,5	7,2	8,6	8,4
Österreich	5,0	6,4	2,0	3,2	1,9	2,7	0,6	1,1	2,5	3,9
Spanien	17,4	32,6	10,1	26,6	7,3	13,3	7,9	26,7	14,1	26,8
Schweden	11,8	13,1	10,0	8,3	4,4	4,6	6,4	4,1	9,1	7,5
Schweiz	5,8	6,1	2,1	3,2	1,6	5,2	1,9	0,4	2,4	3,8
Vereinigte Staaten	12,0	10,0	5,4	5,2	1,9	2,6	3,8	3,4	5,0	4,6
Vereinigtes Königreich	20,6	10,0	7,5	6,5	2,8	3,3	4,1	3,1	8,0	6,2

[a]M = Männer; F = Frauen.

Quelle: OECD, Online-Bildungsdatenbank.

Tabelle A9: Tatsächliche Studiendauer an staatlichen Universitäten in ausgewählten Studiengängen in den alten Bundesländern 1992

Studiengang	Abschluss	Anbieter (Anzahl)	Studiendauer[a] (Semester)	
			Minimum	Maximum
Betriebswirtschaftslehre	Diplom	34	9,9	13,3
Elektrotechnik	Diplom	19	11,4	14,6
Geschichtswissenschaft	Magister	26	11,2	14,1
Humanmedizin	Staatsprüfung	26	13,0	13,9
Informatik	Diplom	23	11,1	14,7
Maschinenbau	Diplom	17	11,2	13,9
Mathematik	Diplom	38	10,9	16,5
Pädagogik/Erziehungswissenschaft	Diplom	29	10,2	15,0
Physik	Diplom	42	11,3	14,2
Rechtswissenschaft	Staatsprüfung	30	9,4	12,5
Volkswirtschaftslehre	Diplom	29	9,6	13,0

[a]Erhebung des Wissenschaftsrats; für einzelne Universitäten und Studiengänge werden Medianwerte angegeben.

Quelle: BLK und Bundesanstalt für Arbeit (1997); eigene Zusammenstellung.

Tabelle A10: Studiengänge in Deutschland, die im Wintersemester 1997/98 und im Sommersemester 1998 dem Numerus Clausus unterworfen waren[a]

Alle Bundesländer	Zusätzlich in Nordrhein-Westfalen
Architektur	Humanmedizin
Betriebswirtschaft	Kunstgeschichte als Hauptfach
Biologie	Kunstgeschichte als Nebenfach
Haushalts- und Ernährungswirtschaft	Sportwissenschaft
Lebensmittelchemie	Tiermedizin
Pharmazie	Wirtschaftsinformatik
Psychologie	Zahnmedizin
Rechtswissenschaft	Lehramtsstudiengänge für die Primarstufe und die Sekundarstufe II im Fach Biologie

[a]Das allgemeine Auswahlverfahren der ZVS wird in diesen Fächern angewandt. Darüber hinaus gibt es eine von Semester zu Semester wechselnde Reihe von Studiengängen, die in einzelnen Bundesländern Zugangsbeschränkungen unterliegen; in diesen Fällen führt — mit Ausnahme des Landes Nordrhein-Westfalen, in dem die ZVS zuständig ist — die jeweilige Hochschule das Auswahlverfahren durch.

Quelle: BLK und Bundesanstalt für Arbeit (1997); eigene Zusammenstellung.

Tabelle A11: Historische Entwicklung der Nachfrage nach Studienplätzen an den Hochschulen und des Akademikerangebots in Deutschland 1970–1996 (in 1 000, gerundete Zahlen)[a]

Jahr	Berechtigte		Anfänger		Studierende		Absolventen[b]	
	FH	Uni	FH	Uni	FH	Uni	FH	Uni
1970	—	87,2	—	92,7	—	422,0	—	51,6
1975	44,1	124,3	42,8	120,9	144,7	691,3	31,9	74,0
1980	52,6	168,0	54,7	138,3	199,8	836,5	34,7	76,8
1985	67,8	230,3	62,4	144,5	301,0	1 035,7	48,0	84,0
1990	74,9	199,8	80,0	197,9	371,0	1 208,0	55,9	91,8
1991	73,1	194,1	83,2	188,2	388,5	1 251,4	58,9	94,1
1992	77,5	213,1	91,5	199,3	419,8	1 414,6	60,6	97,3
1993	75,7	214,5	91,5	188,1	440,1	1 427,1	63,1	117,6
1994	74,0	216,3	86,4	181,5	448,8	1 423,7	71,4	125,7
1995	72,9	234,9	82,5	179,9	448,6	1 409,3	75,1	132,5
1996[c]	77,0	252,0	82,6	186,4	442,0	1 396,4	76,0	132,0

[a]Bis 1991 früheres Bundesgebiet, danach Deutschland insgesamt (Ausnahme: für die Absolventen liegen erst ab einschließlich 1993 Angaben für Deutschland vor). — [b]Ohne Promotionen. — [c]Vorläufige Angaben, zum Teil geschätzt.

Quelle: Statistisches Bundesamt, Online-Datenbank 1998; eigene Schätzungen.

Tabelle A12: Rentabilität[a] von Bildungsinvestitionen in OECD-Ländern für das Jahr 1995 (Prozent)

Land	Männer			Frauen		
	Sekundarstufe II	nichtuniversitärer Tertiärabschluss	Universitätsabschluss	Sekundarstufe II	nichtuniversitärer Tertiärabschluss	Universitätsabschluss
Australien	8	10	10	13	8	7
Dänemark	10	5	11	12	5	9
Deutschland	6	17	11	6	9	8
Frankreich	14	18	14	14	20	13
Irland	19	12	14	29	8	17
Italien	10	k.A.	10	10	k.A.	5
Kanada	13	23	17	16	28	29
Neuseeland	13	–12	12	11	–1	10
Niederlande	14	k.A.	11	24	k.A.	11
Norwegen	11	9	12	17	8	13
Schweden	11	7	8	10	4	5
Schweiz	19	27	6	22	18	5
Vereinigte Staaten	26	9	13	23	11	13
Vereinigtes Königreich	14	5	13	19	14	19

[a]Gemessen mit Hilfe des internen Zinsfußes.

Quelle: OECD, Online-Datenbank.

Tabelle A13: Arbeitslosenquoten nach Bildungsstand und einzelnen Altersgruppen in OECD-Ländern 1995 (Prozent)[a]

Land	15–19 Jahre		20–24 Jahre				25–29 Jahre			
	1[b]	2[b]	1[b]	2[b]	3[b]	4[b]	1[b]	2[b]	3[b]	4[b]
Australien	23,0	17,4	16,4	10,9	9,8	6,5	11,9	7,5	4,4	4,7
Belgien	22,9	27,3	29,7	19,2	9,7	14,5	18,9	11,1	4,8	5,7
Dänemark	3,3	7,4	18,4	9,3	14,2	9,9	21,7	8,3	6,6	7,7
Deutschland[c]	5,6	7,5	12,5	6,8	4,7	k.A.	15,5	6,9	4,9	5,1
Finnland	30,6	38,9	41,6	26,2	23,1	20,6	32,0	18,5	16,2	9,4
Frankreich	25,3	23,2	41,3	24,8	18,9	14,4	27,6	15,0	8,4	13,8
Griechenland	25,7	50,4	17,8	30,9	39,8	42,6	12,6	16,4	18,1	21,4
Irland	35,2	21,6	28,7	12,2	8,8	9,0	23,5	8,4	6,4	5,4
Italien	34,6	47,8	27,6	37,6	k.A.	38,5	16,6	17,3	k.A.	32,7
Kanada	21,3	14,6	25,6	12,9	10,9	8,6	19,5	11,7	8,8	5,4
Neuseeland	17,7	10,8	16,1	5,6	6,4	3,5	11,1	3,2	5,5	2,9
Niederlande	19,0	15,0	13,4	7,4	k.A.	12,0	9,2	5,5	k.A.	7,6
Norwegen	16,9	14,4	18,3	10,0	8,3	7,0	14,4	6,8	6,5	4,0
Österreich	6,4	4,9	7,6	3,9	3,6	0,8	7,2	3,1	2,1	3,6
Portugal	16,1	34,2	14,2	20,1	22,7	14,5	8,9	9,8	9,9	10,3
Spanien	49,6	54,3	37,4	41,0	40,4	53,1	32,3	27,2	23,7	33,2
Schweden	19,6	24,2	30,0	18,9	10,6	8,1	21,3	12,2	6,1	7,5
Schweiz	18,0	k.A.	k.A.	4,6	k.A.	k.A.	k.A.	3,5	1,6	4,2
Vereinigte Staaten	20,4	10,2	19,4	9,1	5,4	3,9	13,3	7,0	3,7	3,0
Vereinigtes Königreich	28,1	14,9	31,8	13,2	5,6	12,2	27,8	9,8	4,4	3,7

[a]In Prozent der jeweiligen Altersgruppe. — [b]1: Abschluss unter Sekundarstufe II; 2: Sekundarstufe II; 3: nichtuniversitärer Tertiärabschluss; 4: Universitätsabschluss. — [c]Westdeutschland.

Quelle: OECD, Online-Datenbank.

Tabelle A14: Geschätzte Ausgaben für Lehre und Forschung pro Absolventin/ Absolventen nach Hochschule und Studiengang in Deutschland im Jahr 1994 (DM)

Hochschule	Studiengang					
	Elektrotechnik (Diplom)	Germanistik (Magister)	Mathematik (Diplom)	Physik (Diplom)	Psychologie (Diplom)	Wirtschaftswissenschaften (Diplom)
U Bayreuth	a	b	113 968	275 487	a	40 951
TU Berlin	175 088	a	161 575	259 178	56 762	26 575
TH Darmstadt	96 242	a	98 610	198 062	96 729	a
U Hannover	175 423	82 315	169 561	209 208	a	59 039
U-GH Kassel D I	187 613	a	a	a	a	26 238
U-GH Kassel D II	287 964	b	b	b	a	38 666
U-GH Paderborn	168 807	48 356	64 480	233 609	a	46 155
U Potsdam	a	b	b	b	b	b
U Saarland	168 363	33 545	229 178	289 262	117 067	49 974
U-GH Siegen	169 620	58 785	198 742	315 372	a	57 415
Minimum	96 242	33 545	64 480	198 062	56 762	26 238
Ungewogenes arithmetisches Mittel	178 640	55 750	148 016	254 311	90 186	43 127
Maximum	287 964	82 315	229 178	315 372	117 067	59 039
Standardabweichung						
– absolut	52 274	20 515	58 291	42 913	30 680	12 520
– in Prozent[c]	29,3	36,8	39,4	16,9	34,0	29,0

[a]Studiengang wird von der betreffenden Hochschule nicht angeboten. — [b]Weniger als 10 Absolventen pro Jahr im Zeitraum 1992–1994. — [c]Des Mittelwerts.

Quelle: Wissenschaftsrat (1997); eigene Berechnungen.

Tabelle A15: Geschätzte Ausgaben für Lehre und Forschung pro Absolventin/Absolventen nach Ausgabenarten und Studiengängen der Friedrich-Alexander-Universität Erlangen-Nürnberg 1993 (1 000 DM)

Diplom-Studiengang	Ausgabenart				Gesamtkosten
	Kosten auf der Zentralebene[a]	Laufende Nettoausgaben[b]	Raumkosten[c]	Fächergruppengemeinkosten[d]	
Biologie	33	132	83	1	249
Chemie	33	87	81	2	203
Ingenieurwissenschaften	33	122	57	13	225
Informatik	33	79	44	1	157
Physik	33	58	60	1	152
Mathematik	33	88	10	1	132
Betriebswirtschaft	33	20	8	e	61
Volkswirtschaft	33	20	8	1	62
Sozialwissenschaft	33	26	8	2	68
Wirtschaftspädagogik	33	28	8	e	69
Rechtswissenschaften[f]	33	32	8	e	73

[a]Zentrale technische Forschungs- und Verwaltungseinrichtungen; Bibliotheken; soziale Einrichtungen (Heime). — [b]Kosten des Lehrangebots unter Berücksichtigung der Leistungsverflechtung einzelner Lehrbereiche. — [c]Gemäß den fächerspezifischen Raumrichtwerten (einschließlich Abschreibungen). — [d]Allgemeine technische Kosten der Fächergruppen. — [e]Unter 1 000 DM. — [f]Kosten bis zur 1. Juristischen Staatsprüfung.

Quelle: Mertens und Haase (1996: 10 [Abbildung 7]).

Tabelle A16: Bildungsbeteiligung deutscher Studienanfänger im Hochschulbereich[a] nach der sozialversicherungsrechtlichen Stellung der Eltern 1993 und 1995 (Prozent)

Status der Eltern	Bevölkerungsanteil deutscher Studienanfänger[b]			
	Alte Bundesländer		Neue Bundesländer	
	1993	1995	1993	1995
Arbeiter	15	14	8	9
Angestellte und Beamte	37	39	50	31
Selbständige	48	47	42	60

[a]Universität und Fachhochschule. — [b]Anteil der Studienanfänger an der deutschen Bevölkerung der Altersgruppe der 18- bis unter 22-Jährigen.

Quelle: BMBW (1994b: 29 [Bild 3.4]); BMBW (1998a: 7 [Bild 7]).

Tabelle A17: Verteilung der monatlichen Nettoeinkommen der Eltern von Studierenden in Deutschland 1994 und 1997 (Prozent, gerundet)

Einkommensklasse (DM)	Alte Bundesländer		Neue Bundesländer	
	1994	1997	1994	1997
0–2000	5 } (20)	6 } (21)	8 } (32)	7 } (25)
2001–3000	15	15	24	18
3001–4000	20	18	28	22
4001–5000	18 } (52)	17 } (50)	18 } (57)	19 } (54)
5001–6000	14	15	11	13
6001–7000	10	10	5	8
7001–8000	7 } (29)	7 } (30)	3 } (12)	5 } (21)
8001 und mehr	12	13	4	8

Quelle: BMBW (1994a: 60 [Bild 4.12]); BMBW (1998a: 11 [Bild 14]).

Tabelle A18: Studierende[a] nach der beruflichen Stellung der Eltern[b] in Deutschland 1982–1997

Status der Eltern	1982	1985	1988	1991	1994	1997
Niedrig						
– alte Bundesländer	23	20	18	15	14	14
– neue Bundesländer	—	—	—	10	10	9
– Deutschland	—	—	—	14	14	14
Mittel						
– alte Bundesländer	34	32	32	28	28	29
– neue Bundesländer	—	—	—	24	23	23
– Deutschland	—	—	—	28	28	29
Gehoben						
– alte Bundesländer	25	26	26	31	31	27
– neue Bundesländer	—	—	—	31	31	26
– Deutschland	—	—	—	31	31	27
Hoch						
– alte Bundesländer	18	22	23	26	27	29
– neue Bundesländer	—	—	—	35	36	42
– Deutschland	—	—	—	27	27	31

[a]An Universitäten und Fachhochschulen. — [b]Anteil der Studierenden, die Eltern einer bestimmten Statusgruppe haben, an der Gesamtzahl der Studierenden; Rundungsfehler.

Quelle: BMBW (1998a: 10 [Bild 12]).

Tabelle A19: Bildungsbeteiligung deutscher Studienanfänger im Hochschulbereich nach der sozialversicherungsrechtlichen Stellung der Eltern in den alten Bundesländern 1985–1995 (Prozent)

Status der Eltern	Bevölkerungsanteil deutscher Studienanfänger[a]					
	1985	1987	1990	1992	1994	1995
Arbeiter	7	7	12	13	14	14
– Universität	4	4	7	7	7	7
– Fachhochschule	3	3	5	6	7	7
Angestellte	27	30	40	39	39	39
– Universität	19	21	28	26	26	25
– Fachhochschule	8	9	12	13	13	14
Beamte	43	47	62	65	58	56
– Universität	32	35	49	50	44	44
– Fachhochschule	11	12	13	15	14	12
Selbständige	25	32	39	44	45	47
– Universität	17	22	27	29	29	32
– Fachhochschule	8	10	12	15	16	15

[a]Anteil der Studienanfänger an der deutschen Bevölkerung der Altersgruppe der 18- bis unter 22-Jährigen; Rundungsfehler.

Quelle: BMBW (1998a: 7 [Bild 8]).

Tabelle A20: Studierende, die eine Studienförderung nach dem Bafög erhalten, 1994 und 1997 (Prozent)[a]

Region	Standard-Berechnung		Normative Berechnung	
	1994	1997	1994	1997
Alte Bundesländer	24,2	17,0	30,4	24,0
Neue Bundesländer	54,8	30,7	56,4	35,6
Deutschland insgesamt	26,8	18,7	33,2	25,7

[a]Standard-Berechnungsmethode: Anteil (%) der nach dem Bafög geförderten Studierenden an den insgesamt immatrikulierten Studierenden. Normative Berechnungsmethode: Wie Standardmethode, jedoch nach Abzug der nicht mehr Anspruchsberechtigten (Studierende, die an Universitäten länger als 11 Semester und an Fachhochschulen länger als 8 Semester studieren) von den insgesamt immatrikulierten Studierenden.

Quelle: BMBW (1998a: 17 [Bild 21]).

Tabelle A21: Begabtenförderung für Studierende in Deutschland (Auswahl[a]) (Stand: Juni 1998)

Geber	Antragsberechtigte	Auswahlverfahren	Anzahl der Geförderten
Cusanuswerk Bischöfliche Studienförderung	Deutsche katholische Studierende; Bildungsinländer	Auswahlgespräche; Aufnahmeausschuss	810
Evangelisches Studienwerk	Deutsche evangelische Studierende	Auswahlgespräche	600
Friedrich-Ebert-Stiftung	Deutsche Studierende und Graduierte; Bildungsinländer; ausländische Studierende und Graduierte	Auswahlgespräche; Gutachten; Aufnahmeausschuss	1 348[b]
Friedrich-Naumann-Stiftung	Deutsche Studierende und Graduierte; Bildungsinländer; ausländische Studierende und Graduierte	Auswahlseminar; Auswahlgespräche	499
Hans-Böckler-Stiftung	Deutsche Studierende und Graduierte	Auswahlgespräche; Gutachten; Aufnahmeausschuss	1 890
Hanns-Seidel-Stiftung	Deutsche Studierende und Graduierte; ausländische Graduierte	Auswahlseminar; Auswahlgespräche; Tests	450
Heinrich-Böll-Stiftung	Deutsche und ausländische Studierende und Graduierte	Auswahlseminar; Auswahlausschuss	270
Konrad-Adenauer-Stiftung	Deutsche Studierende und Graduierte; Bildungsinländer; ausländische Studierende und Graduierte	Auswahlseminar; Tests; Auswahlgespräche; Aufnahmeausschuss	1 800
Stiftung der Deutschen Wirtschaft/Studienförderwerk Klaus Murmann	Deutsche Studierende und Graduierte; ausländische Graduierte	Auswahlgespräche; Auswahlseminar; Tests	247
Studienstiftung des Deutschen Volkes	Deutsche und ausländische Studierende	Auswahlseminar; Auswahlgespräche	5 011

[a]Alphabetisch geordnet. — [b]Grund- und Promotionsförderung von Deutschen und Ausländern ohne Förderung von Wissenschaftlern.

Quelle: Institut der deutschen Wirtschaft (IW), Informationsdienst IWD-Online, 24. Jg., Nr. 25, 18. Juni 1998; eigene Internetrecherche und Anfragen.

Tabelle A22: Leistung in Mathematik und den Naturwissenschaften in Deutschland am Ende der 8. Klasse nach Schulformen (Index) (1994/95)

Schulform	Mathematik	Naturwissenschaften
Gymnasium	573	589
Realschule	504	532
Gesamtschule[a]	460[a]	502[a]
Hauptschule	446	463
Durchschnitt (Deutschland)	509	532
Nachrichtlich:		
Höchster internationaler Wert	643	607
Niedrigster internationaler Wert	354	326

[a]Schätzungen. Die exakten Leistungswerte für die Gesamtschule sind bislang nicht veröffentlicht worden. Sie sind nur in graphischen Darstellungen enthalten.

Quelle: Baumert et al. (1997: Tabellen C2 und C3); eigene Schätzungen.

Tabelle A23: Bildungsausgaben, Pro-Kopf-Einkommen, Bildungsbeteiligung und Anteil junger Menschen an der Gesamtbevölkerung in den OECD-Ländern der 90er Jahre

Abhängige Variable	Pro-Kopf-Einkommen[b]	Anteil junger Menschen[c]	Bildungs-beteiligung[d]	$\overline{R}^2$
Ausgaben für Bildung je Schüler/Studierenden[a]	1,2337* (12,5812)	—	—	0,87
Ausgaben für Bildung je Schüler/Studierenden[a]	1,0875* (8,3554)	–6,6302 (–1,6368)	—	0,88
Ausgaben für Bildung je Schüler/Studierenden[a]	0,9796* (6,5649)	–0,3007 (–0,6698)	0,3317 (1,4603)	0,88
Ausgaben für Bildung je Schüler/Studierenden[a]	1,0055* (7,0678)	—	0,4093** (2,1239)	0,89

[a]Bildungsausgaben je Schüler/Studierenden 1995 in US$ zu internationalen Preisen. — [b]BIP je Erwerbstätigen 1995 in US$ zu internationalen Preisen. — [c]Anteil der Bevölkerung zwischen 5 und 29 Jahren an der Gesamtbevölkerung 1995. — [d]Bildungsbeteiligung für die Altersstufe der 17-Jährigen 1995. Schätzgleichung: $\ln y = a + b \ln x_1 + c \ln x_2 + d \ln x_3 + e$ für N = 25 Länder; Methode der kleinsten Quadrate; t-Werte in Klammern. — *Signifikant bei einer Irrtumswahrscheinlichkeit von 1 Prozent. — **Signifikant bei einer Irrtumswahrscheinlichkeit von 5 Prozent.

Quelle: Eigene Berechnungen mit Daten aus OECD (1997a).

Tabelle A24: Bildungsausgaben und Anzahl der Schüler/Studierenden und Lehrer/Hochschullehrer in OECD-Ländern der 90er Jahre

Abhängige Variable	Anzahl der		$\bar{R}^2$
	Schüler/Studierenden[d]	Lehrer/Hochschullehrer[e]	
Ausgaben für Bildung je Schüler/Studierenden[a]	0,0528 (0,5225)	—	–0,03
	—	0,0920 (0,7198)	–0,03
Anteil der Bildungsausgaben am BIP[b]	0,0202 (0,4749)		–0,03
	—	0,0411 (0,6119)	–0,04
Anteil der Bildungsausgaben je Schüler/Studierenden am Pro-Kopf-Einkommen[c]	0,0084 (0,2078)	—	–0,04
	—	0,0610 (0,9625)	–0,01

[a]Bildungsausgaben je Schüler/Studierenden 1995 in US$ zu internationalen Preisen. — [b]Bildungsausgaben als prozentualer Anteil am BIP 1995. — [c]Bildungsausgaben je Schüler/Studierenden als prozentualer Anteil am Pro-Kopf-Einkommen 1995. — [d]Anzahl der Schüler/Studierenden im Primar-, Sekundar- und Tertiärbereich. — [e]Anzahl der Lehrer/Hochschullehrer im Primar-, Sekundar- und Tertiärbereich; N = 16 Länder; Methode der kleinsten Quadrate; t-Werte in Klammern.

Quelle: Eigene Berechnungen mit Daten aus OECD (1997a) und UNESCO (1995).

Tabelle A25: Bildungsausgaben, Lehrereinkommen und Unterrichtsstunden in den OECD-Ländern der 90er Jahre

Abhängige Variable	Lehrereinkommen		Unterrichts-stunden je Schüler[d]	$\overline{R}^2$
	Gehaltssumme absolut[b]	Gehaltssumme je Schüler[c]		
Ausgaben für Bildung je Schüler/Studierenden[a]	0,2119** (1,9788)	—	—	0,20
Ausgaben für Bildung je Schüler/Studierenden[a]	—	0,5245 (3,0978)*	—	0,42
Ausgaben für Bildung je Schüler/Studierenden[a]	—	—	0,8336 (2,1304)**	0,19
Ausgaben für Bildung je Schüler/Studierenden[a]	0,0000 (2,3518)*	—	0,0148* (2,5035)	0,42
Ausgaben für Bildung je Schüler/Studierenden[a]	—	0,4221 (1,4224)	0,2466 (0,3834)	0,19

[a]Bildungsausgaben je Schüler/Studierenden 1995 in US$ zu internationalen Preisen. — [b]Gehaltssumme: durchschnittliches Gehalt x Anzahl der Lehrer 1995. — [c]Gehaltssumme aus b) bezogen auf die Anzahl der Schüler 1995. — [d]Anzahl der Unterrichtsstunden pro Jahr und Schüler. Schätzgleichung: $\ln y = a + b \ln x_1 + c \ln x_2 + d \ln x_3 + e$ für N = 10 Länder; Methode der kleinsten Quadrate; t-Werte in Klammern. — *Signifikant bei einer Irrtumswahrscheinlichkeit von 5 Prozent. — **Signifikant bei einer Irrtumswahrscheinlichkeit von 10 Prozent.

Quelle: Eigene Berechnungen mit Daten aus OECD (1997a) und UNESCO (1995).

Tabelle A26: Alle Stichproben: Absolute Konvergenz[a] 1960–1990

Stichprobe	Unabhängige Variable: Pro-Kopf-Einkommen zu Beginn der Periode[b]	Dummyvariable für OECD-Länder	$\bar{R}^2$	N	Konvergenzrate[f] (Prozent p.a.)
Alle Länder[c]					
– ohne OECD-Dummy	–0,0314* (–8,2560)	—	0,20	276	1,1
– mit OECD-Dummy	–0,0452* (–12,7020)	0,0854* (9,9146)	0,41	276	1,5
OECD-Länder[d]	–0,0831* (–20,5851)	—	0,86	69	2,9
Nicht-OECD-Länder[e]	–0,0332* (–6,9272)	—	0,19	207	1,1

[a]Abhängige Variable: durchschnittliche Wachstumsrate des Pro-Kopf-Einkommens zu internationalen Preisen in den drei Dekaden 1960–70, 1970–80 und 1980–90. — [b]Pro-Kopf-Einkommen zu internationalen Preisen jeweils zu Beginn der drei Dekaden. — [c]92 Länder (23 OECD-Länder und 69 Nicht-OECD-Länder, aufgelistet in Tabelle A30). — [d]23 Länder (Länderliste in Tabelle A30). — [e]69 Länder (Länderliste in Tabelle A30). — [f]Rate, mit der sich das Pro-Kopf-Einkommen der Länder dem langfristigen Gleichgewichtswert des Pro-Kopf-Einkommens nähert. Sie errechnet sich mit Hilfe der folgenden Gleichung, die nach β aufgelöst werden muss: $-(1 - e^{-\beta T})$ = Koeffizient. Bei dem Koeffizienten handelt es sich um den des Pro-Kopf-Einkommens zu Beginn der Dekaden. — Methode der kleinsten Quadrate; Poolschätzung (kombinierte Querschnitts- und Zeitreihenanalyse) mit einer Konstanten für alle Länder und Dekaden; N = Anzahl der Beobachtungen; $\bar{R}^2$ = korrigiertes Bestimmtheitsmaß. — *Statistisch signifikant bei einer Irrtumswahrscheinlichkeit von 1 Prozent.

Quelle: Eigene Berechnungen.

Tabelle A27: Alle Länder: Humankapital und Wachstum II A[a] 1960–1990

Gleichung	Investitionsquote[b]	Bevölkerungswachstum[c]	Ausgangseinkommen[d]	Ausgangsausbildung	$\overline{R}^2$
1. Primarschulausbildung[e]					
(a) Abschluss	0,0452*	–0,0689*	–0,0573*	0,0208*	0,52
	(6,7149)	(–2,8001)	(–16,1564)	(4,5561)	
(b) Jahre	0,0458*	–0,0765*	–0,0601*	0,0236*	0,51
	(6,6484)	(–3,1193)	(–16,0616)	(4,0424)	
2. Sekundarschulausbildung[e]					
(a) Abschluss	0,0471*	–0,0672*	–0,0651*	0,0190*	0,54
	(7,6830)	(–2,8722)	(–17,1950)	(6,0873)	
(b) Jahre	0,04612*	–0,0666*	–0,0681*	0,0242*	0,55
	(7,5852)	(–2,8861)	(–17,3676)	(6,5365)	
3. Tertiäre Ausbildung[e]					
(a) Abschluss	0,0481*	–0,0958*	–0,0634*	0,0129*	0,52
	(7,5385)	(–4,1523)	(–16,2458)	(4,7523)	
(b) Jahre	0,0456*	–0,0815*	–0,0675*	0,0227*	0,54
	(7,3361)	(–3,5725)	(–17,0192)	(6,1112)	

[a]Abhängige Variable: durchschnittliche Wachstumsrate des Pro-Kopf-Einkommens in den drei Dekaden 1960–70, 1970–80 und 1980–90. — [b]Anteil der Bruttoinvestitionen am BIP. — [c]Wachstumsrate der Bevölkerung plus Abschreibungen plus Rate des technischen Fortschritts. — [d]Pro-Kopf-Einkommen jeweils zu Beginn einer Dekade. — [e](a) Anteil der Bevölkerung über 25 Jahre, der zu Beginn der jeweiligen Dekade einen Primarschul- bzw. Sekundarschul- bzw. Tertiärabschluss erreicht hat; (b) Anzahl der Ausbildungsjahre, die die Bevölkerung über 25 Jahre zu Beginn der jeweiligen Dekade in den einzelnen Stufen des Bildungssystems verbracht hat. — Methode der kleinsten Quadrate; Poolschätzung (kombinierte Querschnitts- und Zeitreihenanalyse) mit einer Konstanten für alle Länder und Dekaden; N = 276 Beobachtungen (92 Länder und 3 Dekaden). — *Statistisch signifikant bei einer Irrtumswahrscheinlichkeit von 1 Prozent.

Quelle: Eigene Berechnungen.

Tabelle A28: Alle Länder: Humankapital und Wachstum II B[a] 1960–1990

Gleichung	Investitionsquote[b]	Bevölkerungswachstum[c]	Ausgangseinkommen[d]	Ausgangsausbildung	$\overline{R}^2$ gew./ungew.[f]
1. Primarschulausbildung[e]					
(a) Abschluss	0,0556*	–0,1104*	–0,0823*	0,0149*	0,84/0,91
	(8,6278)	(–4,6521)	(–31,8428)	(3,7782)	
(b) Jahre	0,0501*	–0,0972*	–0,0864*	0,0305*	0,85/0,92
	(7,7519)	(–4,1398)	(–33,1400)	(5,2237)	
2. Sekundarschulausbildung[e]					
(a) Abschluss	0,0552*	–0,0969*	–0,0894*	0,0179*	0,85/0,91
	(9,1735)	(–4,2160)	(–32,5375)	(6,0905)	
(b) Jahre	0,0552*	–0,0949*	–0,0912*	0,0222*	0,85/0,92
	(9,2958)	(–4,1742)	(–32,6301)	(6,5314)	
3. Tertiäre Ausbildung[e]					
(a) Abschluss	0,0560*	–0,1143*	–0,0877*	0,0105*	0,85/0,91
	(9,0490)	(–4,9623)	(–32,1447)	(4,7295)	
(b) Jahre	0,0541*	–0,1010*	–0,0911*	0,0202*	0,86/0,92
	(9,0358)	(–4,4740)	(–33,0393)	(6,3454)	

[a]Abhängige Variable: durchschnittliche Wachstumsrate des Pro-Kopf-Einkommens in den drei Dekaden 1960–70, 1970–80 und 1980–90. — [b]Anteil der Bruttoinvestitionen am BIP. — [c]Wachstumsrate der Bevölkerung plus Abschreibungen plus Rate des technischen Fortschritts. — [d]Pro-Kopf-Einkommen jeweils zu Beginn einer Dekade. — [e](a) Anteil der Bevölkerung über 25 Jahre, der zu Beginn der jeweiligen Dekade einen Primarschul- bzw. Sekundarschul- bzw. Tertiärabschluss erreicht hat; (b) Anzahl der Ausbildungsjahre, die die Bevölkerung über 25 Jahre zu Beginn der jeweiligen Dekade in den einzelnen Stufen des Bildungssystems verbracht hat. — [f]Gewogenes/ungewogenes korrigiertes Bestimmtheitsmaß. — Verallgemeinerte Methode der kleinsten Quadrate (GLS); Poolschätzung (kombinierte Querschnitts- und Zeitreihenanalyse) mit Zufallseffekten (random effects); N = 276 Beobachtungen (92 Länder und 3 Dekaden). — *Statistisch signifikant bei einer Irrtumswahrscheinlichkeit von 1 Prozent.

Quelle: Eigene Berechnungen.

Tabelle A29: Alle Länder (mit OECD-Dummy): Humankapital und Wachstum 1960–1990[a]

Gleichung	Unabhängige Variable					$\overline{R}^2$
	Investitionsquote[b]	Bevölkerungswachstum[c]	Ausgangseinkommen[d]	Humankapital	OECD-Dummy[e]	
1. Primarschulausbildung[f]						
(a) Abschluss	0,0389*	–0,0083	–0,0587*	0,0212*	0,0493*	0,57
	(5,9115)	(–0,3216)	(–17,4302)	(4,0089)	(5,4150)	
(b) Jahre	0,0375*	–0,0032	–0,0621	0,0254*	0,0555*	0,57
	(5,6338)	(–0,1221)	(–17,5513)	(4,1947)	(6,2223)	
2. Sekundarschulausbildung[f]						
(a) Abschluss	0,0340*	0,0213	–0,0674*	0,0234*	0,0581*	0,61
	(5,7005)	(0,8621)	(–19,4676)	(7,1855)	(6,8875)	
(b) Jahre	0,0353*	0,0080	–0,0698*	0,0268*	0,0541*	0,61
	(5,9455)	(0,3294)	(–19,1530)	(7,0164)	(6,3851)	
3. Tertiäre Ausbildung[f]						
(a) Abschluss	0,0392*	–0,0279	–0,0652*	0,0125*	0,0555*	0,57
	(6,2010)	(–1,1293)	(–17,4470)	(4,6422)	(6,2637)	
(b) Jahre	0,0341*	–0,0225	–0,0691*	0,0193*	0,0524*	0,59
	(5,4379)	(–0,9335)	(–18,2401)	(6,0477)	(6,0511)	

[a]Abhängige Variable: durchschnittliche Wachstumsrate des Pro-Kopf-Einkommens in den drei Dekaden 1960–70, 1970–80 und 1980–90. — [b]Anteil der Bruttoinvestitionen am BIP. — [c]Wachstumsrate der Bevölkerung plus Abschreibungen plus Rate des technischen Fortschritts. — [d]Pro-Kopf-Einkommen jeweils zu Beginn einer Dekade. — [e]Dummyvariable, die im Falle der 23 OECD-Länder den Wert 1 und sonst den Wert 0 annimmt. — [f](a) Anteil der Bevölkerung über 25 Jahre, der einen Primarschul- bzw. Sekundarschul- bzw. Tertiärabschluss erreicht hat; (b) Anzahl der Ausbildungsjahre, die die Bevölkerung über 25 Jahre in den einzelnen Stufen des Bildungssystems verbracht hat. — Methode der kleinsten Quadrate; Poolschätzung (kombinierte Querschnitts- und Zeitreihenanalyse) mit einer Konstanten für alle Länder und Dekaden; N = 276 Beobachtungen (92 Länder und 3 Dekaden). — *Statistisch signifikant bei einer Irrtumswahrscheinlichkeit von 1 Prozent.

Quelle: Eigene Berechnungen.

Tabelle A30: Liste der Länder, die in die ökonometrischen Berechnungen eingegangen sind

OECD-Länder (23)	Nicht-OECD-Länder (69)	
Australien	Algerien	Mauritius
Belgien	Argentinien	Mexiko
Dänemark	Bangladesch	Mosambik
Deutschland	Barbados	Myanmar
Finnland	Bolivien	Nicaragua
Frankreich	Botswana	Niger
Griechenland	Brasilien	Pakistan
Irland	Chile	Panama
Island	Costa Rica	Papua Neuguinea
Italien	Dominikanische Republik	Paraguay
Japan	Ecuador	Peru
Kanada	El Salvador	Philippinen
Neuseeland	Fiji	Rumänien
Niederlande	Ghana	Sambia
Norwegen	Guatemala	Senegal
Österreich	Guyana	Simbabwe
Portugal	Haiti	Singapur
Schweden	Honduras	Sri Lanka
Schweiz	Hongkong	Südafrika
Spanien	Indien	Surinam
Türkei	Indonesien	Swaziland
Vereinigtes Königreich	Iran	Syrien
Vereinigte Staaten	Israel	Taiwan
	Jamaika	Thailand
	Jordanien	Togo
	Jugoslawien	Trinidad Tobago
	Kamerun	Tschechoslowakei
	Kenia	Tunesien
	Kolumbien	Uganda
	Korea (Süd)	Uruguay
	Lesotho	Venezuela
	Malawi	Zaire
	Malaysia	Zentralafrikanische Republik
	Mali	Zypern
	Mauretanien	

Literaturverzeichnis

Bardeleben, R. von, U. Beicht und K. Feher (1997). *Was kostet die betriebliche Ausbildung?* Fortschreibung der Ergebnisse 1991 auf den Stand 1995. Bundesinstitut für Berufsbildung, Berichte zur beruflichen Bildung 210. Bielefeld: Bertelsmann.

Barro, R.J. (1991). Economic Growth in a Cross Section of Countries. *Quarterly Journal of Economics* 106 (2): 407–443.

Barro, R.J. (2000). Education and Growth. Harvard University, unveröffentlichtes Manuskript.

Barro, R.J. (2001), Why Colleges Shouldn't Dump the SAT. *Business Week*, 9. April: 20.

Barro, R.J., und X. Sala-i-Martin (1995). *Economic Growth*. New York: McGraw-Hill.

Baumert, J., R. Lehmann et al. (1997). *TIMSS — Mathematisch-naturwissenschaftlicher Unterricht im internationalen Vergleich.* Deskriptive Befunde. Opladen.

Baumert, J., W. Bos und R. Watermann (1998). *TIMSS/III — Schülerleistungen in Mathematik und den Naturwissenschaften am Ende der Sekundarstufe II im internationalen Vergleich.* Studien und Berichte 64. Max-Planck-Institut für Bildungsforschung, Berlin.

Becker, G. (1975). *Human Capital.* New York: Chicago University Press.

BIBB (Bundesinstitut für Berufsbildung) (1999). Ökonomische Aspekte beruflicher Bildung. Ergebnisse, Veröffentlichungen und Materialien aus dem BIBB. Berlin.

Bierhanzl, E., und J. Gwartney (1998). Regulation, Unions, and Labor Markets. *Regulation: the Cato Review of Business and Government* 21(3): 40–53.

Bildungskommission Nordrhein-Westfalen (1995). *Zukunft der Bildung — Schule der Zukunft.* Neuwied: Luchterhand.

BLK (Bund-Länder-Kommission für Bildungsplanung und Forschungsförderung) (1995). *Beschäftigungsperspektiven für Absolventen des Bildungssystems*. Bonn.

BLK (Bund-Länder-Kommission für Bildungsplanung und Forschungsförderung) und Bundesanstalt für Arbeit (Hrsg.) (1997). *Studien- und Berufswahl 1997/98.* Bad Honnef.

BMBF (Bundesministerium für Bildung und Forschung) (1999). *Berufsbildungsbericht 1999.* Bonn.

BMBF (Bundesministerium für Bildung und Forschung) (2000). Grund- und Strukturdaten 1999/2000. Bonn.

BMBW (Bundesministerium für Bildung, Wissenschaft, Forschung und Technologie) (1974). *Kosten und Finanzierung der außerschulischen beruflichen Bildung.* Abschlussbericht der Sachverständigenkommission Kosten und Finanzierung der beruflichen Bildung. Bielefeld: Bertelsmann.

BMBW (Bundesministerium für Bildung, Wissenschaft, Forschung und Technologie) (1994a). Grund- und Strukturdaten 1993/94. Bonn.

BMBW (Bundesministerium für Bildung, Wissenschaft, Forschung und Technologie) (1994b). *Die wirtschaftliche und soziale Lage der Studierenden in Deutschland 1993.* 14. Sozialerhebung des Deutschen Studentenwerks. Bonn.

BMBW (Bundesministerium für Bildung, Wissenschaft, Forschung und Technologie) (1998a). *Die wirtschaftliche und soziale Lage der Studierenden in Deutschland 1997.* 15. Sozialerhebung des Deutschen Studentenwerks. Vorbericht. Bonn.

BMBW (Bundesministerium für Bildung, Wissenschaft, Forschung und Technologie) (1998b). Berufsbildungsbericht. Deutscher Bundestag, 13. Wahlperiode, Drucksache 13/10651. Bonn, 7. Mai 1998.

Boss, A., und A. Rosenschon (1998). Subventionen in Deutschland. Kieler Diskussionsbeiträge 320. Institut für Weltwirtschaft, Kiel.

Buchanan, J.M., und M.R. Flowers (1987). *The Public Finances. An Introductory Textbook.* Homewood, Ill.: Irwin.

Budäus, D., und K. Buchholtz (1997). Konzeptionelle Grundlagen des Controlling in öffentlichen Verwaltungen. *Die Betriebswirtschaft* 3: 322–337.

Bureau of Labor Statistics (1997). *Monthly Labor Review.* November.

Coenenberg, A.G., Heinz G. Baum, M. Heinbold und M. Steiner (Hrsg.) (1997). *Controlling öffentlicher Einrichtungen.* Stuttgart: Schäffer-Poeschel.

Deutsche Bundesbank (verschiedene Jgg.). *Monatsberichte.* Frankfurt am Main.

Dicke, H. (1997). Aufstiegsfortbildung in Europa — Meister und vergleichbare Qualifikationen im europäischen Jahr des lebenslangen Lernens 1996. Gutachten für das Bundesministerium für Bildung, Wissenschaft, Forschung und Technologie. Institut für Weltwirtschaft, Kiel. Unveröffentlichtes Manuskript.

Dicke, H., H.H. Glismann und A. Gröhn (1995). *Der deutsche Markt für berufliche Weiterbildung.* Kieler Studien 269. Tübingen: Mohr Siebeck.

Dicke, H., H.H. Glismann und S. J. Siemssen (1994). Vocational Training in Germany. Kieler Arbeitspapiere 622. Institut für Weltwirtschaft, Kiel.

Ebenrett, H.-J., und K.J. Puzicha (1999). EUF-Testleistungen wehrpflichtiger junger Männer im wiedervereinigten Deutschland. Regionale Unterschiede bei Intelligenzleistungen und den Basisfertigkeiten Rechnen und Rechtschreibung. Arbeitspapier 122, Sozialwissenschaftliches Institut der Bundeswehr, Strausberg.

Foders, F. (1997). Co-ordination and Co-operation: The Case of Germany. In OECD (Hrsg.), *Regional Competitiveness and Skills.* Paris.

Foders, F. (1998a). *Regionale Aspekte der Berufsbildungspolitik.* Frankfurt am Main: Peter Lang.

Foders, F. (1998b). A Note on Economic Growth and Human Capital in Eastern Europe. Kieler Arbeitspapiere 864. Institut für Weltwirtschaft, Kiel.

Foders, F. (2000). Demographie und Bildung: Gehen uns die Qualifizierten aus? Auswirkungen der Bevölkerungsentwicklung auf das deutsche Bildungssystem. Kieler Arbeitspapiere 1003. Institut für Weltwirtschaft, Kiel.

Gundlach, E., L. Wößmann, J. Gmelin (2000). The Decline of Schooling Productivity in OECD Countries. Kiel Working Paper 926, Institute of World Economics, Kiel.

Haiber, T. (1997). *Controlling für öffentliche Unternehmen.* München: Vahlen.

Hanushek, E.A. (1996). Rationalizing School Spending: Efficiency, Externalities and Equity, and their Connection to Rising Costs. In V. Fuchs (Hrsg.), *Individual and Social Responsibility.* Chicago: University of Chicago Press.

Hanushek, E.A., und D. Kim (1996). Schooling, Labor Force Quality, and Economic Growth. Working Paper 411. University of Rochester.

Hanushek, E.A., und D.D. Kimko (2000). Schooling, Labor Force Quality, and the Growth of Nations. *American Economic Review* 90 (5): 1184–1208.

Hanushek, E.A., und S.G. Rivkin (1994). Understanding the 20th Century Growth in U.S. School Spending. Working Paper 388. University of Rochester.

Hanushek, E.A., S.G. Rivkin und L.L. Taylor (1996). Aggregation and the Estimated Effects of School Resources. *Review of Economics and Statistics* 78 (4): 611–627.

Herzog, R. (1997). Sprengt die Fesseln! *Die Zeit,* 7. November.

Hochschulrahmengesetz (Viertes Gesetz zur Änderung des Hochschulrahmengesetzes) vom 20. August 1998, *Bundesgesetzblatt,* S. 2190, in Kraft getreten am 25. August 1998.

Hocquet, L. (1977). Vocational Training and the Poaching Externality. Evidence for France. Working Paper. Institute for Economic Studies, Oxford University.

IAB (Institut für Arbeitsmarkt- und Berufsforschung der Bundesanstalt für Arbeit) (1999). Potentialprojektion bis 2040: Nach 2010 sinkt das Angebot an Arbeitskräften. Selbst hohe Zuwanderungen werden diesen Trend nicht stoppen können. IAB-Kurzbericht (4). 20. Mai.

IHK Nürnberg (Industrie- und Handelskammer Nürnberg für Mittelfranken) (1997). Strukturwandel durch Qualifizierung. Workshop zur Berufsreife von Schulabgängern. Nürnberg.

Initiativkreis Bildung der Bertelsmann Stiftung unter der Schirmherrschaft des Bundespräsidenten (1998). Expertenrunden „Lebenslanges Lernen" und „Qualität in die Hochschulen: Wettbewerb durch neue Hochschulfinanzierung". Internet (www.stiftung-bertelsmann.de/initiativkreis-bildung).

International Association for the Evaluation of Educational Achievement (1997). User Guide for the TIMSS International Database. Chestnut Hill.

IW (Institut der deutschen Wirtschaft) (1997). Anforderungsprofile von Betrieben — Leistungsprofile von Schulabgängern. Untersuchung im Auftrag des Bundesministeriums für Bildung, Wissenschaft, Forschung und Technologie. Köln.

IW (Institut der deutschen Wirtschaft) (1998). Informationsdienst IWD-Online, Köln.

Karl-Bräuer-Institut des Bundes der Steuerzahler (1998). Durch Einsparungen die Lasten mindern. Notwendigkeit und Möglichkeiten zur Begrenzung der Staatsausgaben. H. 89, Wiesbaden.

Kath, F. (1995). *Finanzierung der Berufsbildung im Dualen System.* Berlin.

Kaukewitsch, P. (1998). Ergebnisse der Gehalts- und Lohnstrukturerhebung 1996 für 1995. *Wirtschaft und Statistik* (1): 46–59.

Kleinert, J., A. Schimmelpfennig, K. Schrader und J. Stehn (2000). *Globalisierung, Strukturwandel und Beschäftigung.* Kieler Studien 308. Tübingen: Mohr Siebeck.

Klodt, H., J. Stehn, A. Boss, K. Lammers, J.O. Lorz, R. Maurer, A.D. Neu, K.-H. Paqué, A. Rosenschon und C. Walter (1994). *Standort Deutschland: Strukturelle Herausforderungen im neuen Europa.* Kieler Studien 265. Tübingen: Mohr Siebeck.

Kuhnert, I., und M. Leszcensky (1998). *Kostenrechnung an Hochschulen: Erfassung und Bewertung hochschulinterner Kostenstrukturen.* Hannover.

Layard, R., und G. Psacharopoulos (1974). The Screening Hypothesis and the Return to Education. *Journal of Political Economy* 82 (5): 985–998.

Le Monde (1995). Le Monde de l'Education. Bac, les résultats lycée par lycée. Cahier supplémentaire du M 2172222. (Die neueren Ergebnisse sind im Internet zugänglich: www.lemonde.fr/education/bac98)

Lith, U. van (1997). Finanzierung der Berufsausbildung. *Wirtschaftsdienst* 77 (7): 400–407.

Lüdecke, R., und K. Beckmann (1998). Social Costs of Higher Education: Production and Financing. The Case of Germany. Diskussionsbeitrag V-8-98, Volkswirtschaftliche Reihe. Universität Passau.

Mankiw, N.G., D. Romer und D.N. Weil (1992). A Contribution to the Empirics of Economic Growth. *Quarterly Journal of Economics* 107(2): 3–42.

Markl, H. (1998). Leistung muß zählen. *Frankfurter Allgemeine Zeitung*, 21. Februar.

McNeil, L. (2000). *Contradictions of School Reform: The Educational Costs of Standardized Tests.* New York: Routledge.

Mertens, P., und M. Haase (1996). Die Kosten des Universitätsdiploms. Berechnungsmodell und Beispiel. Arbeitspapier 3/1996, Bereich Wirtschaftsinformatik I, Universität Erlangen-Nürnberg. Nürnberg.

Milgrom, P., und J. Roberts (1992). *Economics, Organization and Management.* Englewood Cliffs: Prentice Hall.

Mincer, J. (1992). Human Capital: A Review. Discussion Paper Series. Columbia University, New York.

Monopolkommission (2000). Wettbewerb als Leitbild für die Hochschulpolitik. Sondergutachten. Bonn, 30. Juni.

NBER (National Bureau of Economic Research) (1997). Penn-World Tables Version 5.6. Cambridge, Mass.

OECD (1996a). *Bildung auf einen Blick.* Analyse. Paris.

OECD (1996b). *Bildung auf einen Blick.* OECD-Indikatoren 1996. Paris.

OECD (1997a). *Bildungspolitische Analyse.* Paris.

OECD (1997b). *Literacy Skills.* Paris.

OECD (1997c). *Bildung auf einen Blick.* OECD-Indikatoren 1997. Paris.

OECD (2000). *Education at a Glance 2000.* OECD Online. Paris.

OECD (versch. Jgg.). *Wirtschaftsausblick.* Paris.

Parmentier, K., H.-J. Schade und F. Schreyer (1996). Berufe im Spiegel der Statistik. Beschäftigung und Arbeitslosigkeit 1985–1995. Beiträge zur Arbeitsmarkt- und Berufsforschung 60. IAB, Nürnberg.

Pritchett, L. (1996). Where Has All the Education Gone? Policy Research Working Paper 1581. World Bank, Washington, D.C.

Prognos AG (1985). Die Zukunft der Arbeitslandschaft. Beiträge zur Arbeitsmarkt- und Berufsforschung 94.1 und 94.2. IAB, Nürnberg.

Prognos AG (1986). Zum Arbeitskräftebedarf nach Qualifikationen bis zum Jahr 2000. Beiträge zur Arbeitsmarkt- und Berufsforschung 95. IAB, Nürnberg.

Prognos AG (1989). Arbeitslandschaft bis 2010 nach Umfang und Tätigkeitsprofilen. Beiträge zur Arbeitsmarkt- und Berufsforschung 131.1 und 131.2. IAB, Nürnberg.

Prognos AG (1996). Wirkungen technologischer und sozio-ökonomischer Einflüsse auf die Tätigkeitsanforderungen bis zum Jahr 2010. Beiträge zur Arbeitsmarkt- und Berufsforschung 199. IAB, Nürnberg.

Reynolds, M. (1995). *Economics of Labor.* Cincinnati: South-Western College Publishing.

SVR (Sachverständigenrat zur Begutachtung der gesamtwirtschaftlichen Entwicklung) (1999). *Jahresgutachten 1998/99.* Stuttgart: Metzler-Poeschel.

Sala-i-Martin, X. (1997). I Just Ran Two Million Regressions. *American Economic Review, Papers and Proceedings,* 87 (2): 178–183.

Scarpeta, S., A. Bassanini, D. Pilat und P. Schreyer (2000). Economic Growth in the OECD Area: Recent Trends at the Aggregate and Sectoral Level. Economics Department Working Paper 248. OECD, Paris.

Schüssler, R., K. Spieß, D. Wendland und M. Kukuk (1999). Quantitative Projektion des Qualifikationsbedarfs bis 2010. Beiträge zur Arbeitsmarkt- und Berufsforschung 221. IAB, Nürnberg.

Shapiro, C., und H.R. Varian (1999). *Information Rules. A Strategic Guide to the Network Economy.* Boston: Harvard Business School Press.

Solow, R. (1956). A Contribution to the Theory of Economic Growth. *Quarterly Journal of Economics* 70 (1): 65–94.

Sommer, B. (1994). Entwicklung der Bevölkerung bis 2040. Ergebnis der 8. koordinierten Bevölkerungsvorausrechnung. *Wirtschaft und Statistik* (7): 497–503.

Spence, A.M. (1973). Job Market Signalling. *Quarterly Journal of Economics* 87: 355–374.

Statistisches Bundesamt (1997a). *Internationale bildungsstatistische Grundlagen*. Wiesbaden.

Statistisches Bundesamt (1997b). *Fachserie 11, Bildung und Kultur*. Wiesbaden.

Statistisches Bundesamt (1997c). *Fachserie 11, Bildung und Kultur*, Reihe 4.3 Hochschulstatistische Kennzahlen. Wiesbaden.

Statistisches Bundesamt (1997d). Hochschulstandort Deutschland. Materialien zum Pressegespräch vom 24. Juni 1997. Wiesbaden.

Statistisches Bundesamt (1998). *Bevölkerungsstruktur und Wirtschaftskraft der Bundesländer 1998*. Wiesbaden.

Statistisches Bundesamt (2000). *Bevölkerungsentwicklung Deutschlands bis zum Jahr 2050*. Ergebnisse der 9. koordinierten Bevölkerungsvorausberechnung. Wiesbaden (www.statistik-bund.de).

Statistisches Bundesamt (versch. Jgg.). *Bildung im Zahlenspiegel*. Wiesbaden.

Statistisches Bundesamt (versch. Jgg.). *Fachserie 1, Reihe 4.1.2*. Bevölkerung und Erwerbstätigkeit. Berufe, Ausbildung und Arbeitsbedingungen der Erwerbstätigen. Ergebnisse des Mikrozensus. Wiesbaden.

Tessaring, M. (1994). Langfristige Tendenzen des Arbeitskräftebedarfs nach Tätigkeit und Qualifikationen in den alten Bundesländern bis zum Jahr 2010. *Mitteilungen der Arbeitsmarkt- und Berufsforschung* (1): 5–10.

Tessaring, M. (1996). Perspektiven der Akademikerbeschäftigung im Rahmen der IAB-Projektionen des Qualifikationsbedarfs. In M. Tessaring (Hrsg.), Die Zukunft der Akademikerbeschäftigung. Beiträge zur Arbeitsmarkt- und Berufsforschung 201. Nürnberg.

Tessaring, M., U. Blien, G. Fischer, I. Hofmann und A. Reinberg (1990). Bildung und Beschäftigung im Wandel. Die Bildungsgesamtrechnung (BGR) des IAB. Beiträge zur Arbeitsmarkt- und Berufsforschung 126. IAB, Nürnberg.

UNESCO (United Nations Educational, Scientific and Cultural Organization) (versch. Jahrgänge). *Statistical Yearbook*. Genf.

Weidig, I., P. Hefer und H. Wolff (1999). Arbeitslandschaft 2010 nach Tätigkeiten und Tätigkeitsniveau. Beiträge zur Arbeitsmarkt- und Berufsforschung 227. IAB, Nürnberg.

Weisshuhn, G., J. Wahse und A. König (1994). *Arbeitskräftebedarf in Deutschland bis 2010*. Studien Bildung und Wissenschaft 116. Bundesminister für Bildung und Wissenschaft, Bonn.

Wissenschaftsrat (1997). Finanzstatistische Kennzahlen ausgewählter Studiengänge. Eine Modellstudie. Köln.

World Bank (1997). Barro-Lee Data Set. Washington, D.C.

Zboril, N.A. (1997). Fakultäts-Informationssystem als Instrument des Hochschul-Controlling. Stuttgart: Schäffer-Poeschel.

ZVS (Zentralstelle für die Vergabe von Studienplätzen) (Hrsg.) (1997). So entscheidet die ZVS. Dortmund.

Schlagwortregister

Symposien- und Konferenzbände

Horst Siebert, Editor

Elemente einer rationalen Umweltpolitik
Expertisen zur umweltpolitischen Neuorientierung
Tübingen 1996. XXVI, 378 S. Fester Einband.

Monetary Policy in an Integrated World Economy
Tübingen 1996. VIII, 280 S. Fester Einband.

Towards a New Global Framework for High-Technology Competition
Tübingen 1997. XIII, 223 S. Fester Einband.

Quo Vadis Europe?
Tübingen 1997. VIII, 343 S. Fester Einband.

Structural Change and Labor Market Flexibility
Experience in Selected OECD Economies
Tübingen 1997. XII, 292 S. Fester Einband.

Redesigning Social Security
Tübingen 1998. XI, 387 S. Fester Einband.

Globalization and Labor
Tübingen 1999. VIII, 320 S. Fester Einband.

The Economics of International Environmental Problems
Tübingen 2000. VIII, 274 S. Fester Einband.

The World's New Financial Landscape: Challenges for Economic Policy
Berlin · Heidelberg 2001. XI, 324 S. Fester Einband.

KIELER STUDIEN · KIEL STUDIES

Institut für Weltwirtschaft an der Universität Kiel

Herausgeber: *Horst Siebert* · Schriftleitung: *Harmen Lehment*

302. **Megafusionen. Trends, Ursachen und Implikationen,** *Jörn Kleinert und Henning Klodt*
Tübingen 2000. VIII, 113 S. Fester Einband.

303. **Handelsliberalisierung in der Millennium-Runde. Strategien und ihre Auswirkungen für Deutschland,** *Hans H. Glismann und Dean Spinanger*
Tübingen 2000. XII, 137 S. Fester Einband.

304. **Environmental Tax Reforms and the Double Dividend. A Theoretical and Empirical Analysis for Germany,** *Christian M. Scholz*
Tübingen 2000. XIX, 323 S. Fester Einband.

305. **Wettbewerbsorientierte Reformen der Stromwirtschaft,** *Lars Kumkar*
Tübingen 2000. XIII, 500 S. Fester Einband.

306. **Leistungsbilanzentwicklung ausgewählter Schwellenländer Asiens und Lateinamerikas. Ursachen und wirtschaftspolitische Konsequenzen,** *Rainer Schweickert*
Tübingen 2000. IX, 122 S. Fester Einband.

307. **Structural Change of the Production Process and Unemployment in Germany,** *Axel Schimmelpfennig*
Tübingen 2000. XX, 232 S. Fester Einband.

308. **Globalisierung, Strukturwandel und Beschäftigung,** *Jörn Kleinert, Axel Schimmelpfennig, Klaus Schrader, Jürgen Stehn*
Tübingen 2000. XIII, 247 S. Fester Einband.

309. **Wirtschaftliche Auswirkungen einer EU-Erweiterung auf die Mitgliedstaaten,** *Hugo Dicke, Federico Foders*
Tübingen 2000. XIV, 224 S. Fester Einband.

310. **The Integration Process between Eastern and Western Europe,** *Daniel Piazolo*
Berlin · Heidelberg 2001. XVII, 178 S. Fester Einband.

311. **Bildungspolitik für den Standort D,** *Federico Foders*
Berlin · Heidelberg 2001. XII, 125 S. Fester Einband.

Mehr Informationen über Publikationen des Instituts für Weltwirtschaft unter http://www.uni-kiel.de/ifw/pub/pub.htm, mehr Informationen über das IfW unter http://www.uni-kiel.de/ifw

Tübingen: Mohr Siebeck (http://www.mohr.de)
Berlin · Heidelberg: Springer-Verlag (http://www.springer.de)